Sous Vide
El Arte de la Cocción Perfecta

Martín SousVide

Indice

Filete Hagyományos Francia 10
Filete Chipotle Kávé 12
Un bistec perfecto 14
Chiles marhabélszín 15
Tortilla de filete de tamari 17
Ízletes mediterràn húsgombóc 19
Pimentón Töltött 21
Hamburguesa estilo Francia 23
Bella füstölt marha szegy 25
Dijon marhahúskolbász es salsa de tomate al curry 27
Filete de tres puntas szója fokhamulgaval 28
Coreano pácolt sült marhahús tarja 29
Taco de chile con tengers caribeños 31
Salsa BBQ Ízletes böru tarja 33
Ledús marha karaj 35
Filete Emblemák Szoknya 37
Chiles chiles marhahús 39
Jalapeño – Filete De Costilla Y Tomate 41
Görög húsgombóc joghurtos szószban 42
Sült karaj chililevel 44
Grillezett marha szegy 46
Marha filete tejszínes szószban és gombával 47
Zelleres héjú főborda gyógynövényekkel 49

Filete marha medvehalgamval és petrezselyemmel ... 51
Filete de la casa a la parrilla ... 52
Sima marhahus ... 53
Sült paradizamosos hús ... 54
Filete marha fehérrépapürével ... 55
Flak Steak servido perfectamente ... 57
Körtével de bistec Marha ... 59
marha lapocka gombaval ... 60
Gomba paradisómica de Tölltett ... 62
marhagulyás clásico ... 64
Burgerek fokhalumvaval ... 66
Darált marhapörkölt ... 68
Marha szűzpecsenye paradisomszószban ... 70
Marhahús halumgaval ... 72
tablero fokhagyma ... 74
Marha bélszín sárgarépával babáknak ... 75
Marhaborda vörösborban ... 77
Marhapaprika ... 79
Stroganoff bélszín ... 80
Marhafalatok Teriyaki sósszál és magvakkal ... 82
Filete de citromos-borsos ... 84
Marha- és erögözpörkölt ... 86
Bőrrel de filete Marha ... 88
pasta inglesa ... 89
estoy comiendo bistec ... 91
Rollitos de ízletes con queso y queso ... 92
Dijon mézes-mell ... 94

Bordás pörkölt con romero 96
Isteni bélszín, édesburgonyapürével 98
Marha-gombás sumery 99
Klasszikus sajtburgerek 101
Coliflor Rib Eye tészta 102
Tacos de costilla con kimchi y aguacate 104
Bélszín fácil de preparar con salsa de cayena 106
Máj fokhalumvaval 108
Krémes borjú marsala 110
Borjúszelet és gomba fehérborral 112
Enyhén sült brócoli 114
Nivel de chile Káposzta pörkölt 115
Rizs és póréhagyma pilaf dióval 117
Mandarín és zöldbab serpenyőb földimogyoróval 119
Édes borsókrém szerecsendioval 120
Miso cukkinivel és szezámmal 121
Agave sargarépa vajjal 123
Citrommal és fokhamulgaval bevont articsóka 124
Tofu de tomate y agave 126
Sült hagyma napraforgó pestoval 127
Édes céklás étel 129
El queso provolone es bueno. 131
Könnyedén ecetes kapor citrommal 132
Rabe De Brócoli Simple 133
Burgonya fokhalumas szarvasgombával 134
Házi Giardiniera Picante 135
Ízletes főszeres paradımoz 136

Alfredo szósz 137

Csodálatos bab- és sárgarépa pörkölt 138

Könnyű saláta két babbal 140

Ízesitét vegan cannellini babpörkölt 142

Mázas pácolt sárgarépa 144

Gran tofu con salsa Sriracha 146

Ensalada rukkolával és céklasajttal 147

Hóbab szósz fokhamulgaval 148

Fűszeres fekete bab 149

Gyógynövényes balzsamecos gomba fokhalumgaval 150

Ropogós burgonyapüré fokhalumgaval 151

Microfono Gyökérzöldségek 152

sőtőtök étel tailandés 154

Can ecetes uborka 155

Kókuszos krumplipüré 156

Csábító vajas káposzta 157

Édes Daikon retek romero 158

Káposzta saláta Mazsolával 159

Vegyes bab paradimószószban 160

Babpörkölt de chile y garbanzo 161

Friss gyumeks crema brulée 163

Pudín de vaníliás áfonyával 165

Tarro mini brownie de moca 167

Crema de plátano Könnyű 169

Tarta de queso dulce de leche 170

Méz és sárgabarack cítricosfélék 172

Pots du Créme de chocolate y naranja 173

Citrom és sárgabarack zsálya	175
Budín de chocolate	176
almás pite	177
Cukormentes csokis kekszek	179
Helado de vainilla	180
Sajtal de pudín Reggeli	181
Pastelitos de chocolate Sous Vide	183
Rizspuding rummal és áfonyával	184
pudín de kenery	185
citromos túró	186
crema brulée	187
pastelitos de limon	188
Málnahab	190
Mazsolával töltöt édes alma	191
manzana suszter	192
Mini tarta de queso espresso	193
Buggyantott körte borral és fahéjjal	194
Kókuszos és mandula zabpehely	195
Bananos hajdina dara	196
Alap zabpehely a semmiből	197
Mini sajtorták	198
Kenyér kávévajjal	199
Muffin sargarépával	200
rumos cseresznye	202
Joghurt ástbarackkal és mandulával	203
Torta de nectarina mandulával	204
Ázsiai rizspuding mandulával	205

Creme Brulée citrommal es málnával 206

Fahéj Gutui Borbón 208

Juhar fahéjas zab 209

Zabpehely szilvaval és sárgabarackkal 210

Cardamomo Gyömbéres aştıbarack 211

Flan de papa y arce 212

pudín de vainilla házi 213

mezzel de mandarina 214

Kókuszos és diós bananas zabkása 215

Paletas de chocolate y plátano Fehér 216

Mini torta pekándió 217

Vaníliás sajtorta 219

Curry De Caballa 220

romero tintahal 221

Sült garnélarák citrommal 222

Filete Hagyományos Francia

Elkészítés + Főzési itő: 2 óra 25 perc | Adagok: 5

össztöveket

4 evőkanál vaj

2 fuentes. hátszín

Só és bors cosnás sérint

1 medvehagyma, aprora vágva

2 szál friss zsálya

1 pizca de romero fresco

tippeket

Készítsen vízfürdőt, és szészítze bele a Sous Vide-t. 134F-ra zasttva.

Olvasszon fel 2 evőkanál vajat egy nagy öntöttvas serpenyőb, nagy langon. Coloque un bistec belszín en forma serpenteante, y déjelo sofreír por ambos lados durante 30-45 segundos. Tegye húst a húst. Adjuk lázá a medvehağlamat, a zsályát és a rozmaringot. Adjuk lógás a vajat és a fűszernövényeket. Körülbelül főzzük durante 1-2 minutos, amig böttzöld és puha nem lesz.

Csúsztassa a bélszínt a vákuumzacskóba, ádázva az prádíleg össkevert fűszernövényeket, és zárja le a zacskót vízkiszorításos módzerrel. Cocine por 2 horas.

Lo ha acabado, lo ha acabado, lo ha acabado, lo ha acabado, lo ha acabado. Coloque az izompecsenyét egy papírtörlővel bélelt tányérra vagy egy tessibe.

Egy öntöttvas serpenyőt erős langon felhevítünk, és azázdunk 2 evőkanál vajat. Amok a vaj sercegni kezd, tegylem şarre un filete, és süssük ambos lados durante 2 minutos. Apagar el fuego y dejar cocinar el bistec durante unos 5 minutos. Finalmente apro darabokra vágjuk. Las verduras Legjobb son burgonyával táalni.

Filete Chipotle Kávé

Elkészítés + Főzési itő: 1 óra 55 perc | Adagok: 4

össztöveket

1 aceite de oliva evőkanál
2 evőkanál vaj
1 cucharada de azúcar
Só és bors cosnás sérint
1 evőkanál kávézacc
1 evőkanál fokhagyma por
1 evőkanál hagyamor
1 chipotle evőkanál por
4 tiras de bistec

tippeket

Készítsen vízfürdőt, és szészítze bele a Sous Vide-t. Calle 130 F-ra. Egy kis tálban keverje ösze a barna cukrot, a sót, a borsot, a kávézaccot, a halumat, a fokhagymaport és a paprikát. Líječe a Steakkeket egy prísztíleg megtisztított fyrettre, és pítan kenje meg olívaolajjal. Coloque un filete más vákuumzacskókba. Entonces zárja le a zsákokat vízkiszorításos mődzerrel. Tegylem vízfürdőbe, és forraljuk 1 o 30 minutos.

Lo ha terminado, tábyttsa el a Steakkeket, és öntse ki a leigennot. Coloque un filete egy papírtörlővel bélelt tányérra vagy egy tessibe. Egy öntöttvas serpenyőt eras lángon felhevítünk, és ádázjuk a vajat. Amok a vaj sercegni kezd, tegylem vissza a bélszínt a serpenyőbe, és süssük 1 minuto en ambos lados. Durante 2-3 minutos hütjük és szeletekre vágjuk.

Un bistec perfecto

Tiempo de cocción + tiempo de cocción: 20 ó 20 perc | Adagok: 4

össztöveket

4 evőkanál szezámolaj
4 trozos de bistec al horno
1 teáskanál fokhagyma por
1 teáskanál hagyamor
1 cucharadita de té petrezselyem seco
Só és bors cosnás sérint

tippeket

Készítsen vízfürdőt, és szészítze bele a Sous Vide-t. 130F-ra zasttva.

A szezámolajat serpenyőb nagy langon felhevítjük, és a churrasquet ambos satalukon 1 minuto piritjuk. Teglyem kihõlni, és hagyjuk kihõlni. Keverjük öszе a fokhagymaport, a halumat, a petrezselymet, a sót és a borsot.

Dörzsölje át a mikroskel a Steakkeket, és széretze egy vakuumzacskóba. Engedje ki a lairt vízkiszorításos módzerrel, zárja le és merítse vízfürdőbe a zsákot. Cocinamos durante 20 horas. Amok az ıtőzítő leáll, tábyttsa el a Steakkeket, és törlje szárazra egy konyahruhával. Öntse ki a főzőlevet.

Chiles marhabélszín

Elkészítés + Főzési itő: 3 óra 20 perc | Adagok: 4

össztöveket

2 evőkanál ghí
2 ¼ kilos de carne de res
Só és bors cosnás sérint
1 cucharada de aceite de chile
2
1 teáskanál fokhagyma por
½ teáskanál hagyamor
½ cucharadita de pimienta de cayena

tippeket

Készítsen vízfürdőt, és szészítze bele a Sous Vide-t. Svaltsuk 134 Fra. Fűszerezku a szűpecsenyét sóval és borssal. Keverjük ösze a chili olajat, a kakukkfüvet, a fokhagymaport, a halumat és a cayenne borsot. Vigye fel a izmokra az izmokra. A szűppecsenyét vákuumzáras zacskóba szélzézük. Engedje ki a lairt vízkiszorításos módzerrel, zárja le és merítse vízfürdőbe a zsákot. Cocine por 3 horas.

Amok az irtőzítő leáll, tábyttsa el a bélszínt, és törlje szárazra egy konyahruhával. A ghit serpenyőb nagy langon felhevítjük, és ambos lados sadalát 45 sekundig piritjuk. Tedd séra, és tedd séra durante 5 minutos. Szeleteljük és tálaljuk.

Tortilla de filete de tamari

Elkészítés + Főzési itő: 1 óra 55 perc | Adagok: 4

össztöveket

¼ de taza de té
1 taza de salsa tamari
½ taza de azúcar barna
⅓ taza de aceite de oliva
4 gerezd fokhagyma aprora vágva
1 teáskanál hagyamor
Só és bors cosnás sérint
Filete de 2 kilos de és fél
4 huevos

tippeket

Készítsen vízfürdőt, és szészítze bele a Sous Vide-t. Calle 130 F-ra. Keverje ösze a tamari szószt, a barna cukrot, az olívaolajat, a hagymaport, a fokhalumat, a tengeri sót és a borsot. Coloque un filete egy vakuumzárral lezárt zacskóba a mikroskel. Engedje ki a lairt vízkiszorításos módzerrel, zárja le és merítse vízfürdőbe a zsákot. Cocine por 1 hora y 30 minutos.

Egy tálban össészígde a tojást, a tejet és a sót. Mezclar bien. Keverjük ösze az omlettet egy serpenyőb medium langon. Félretesz. Amakór az ítőzítő leáll, tábyttsa el a filete és törelje szárara. Melegítsük fel a serpentyőt magas lángra, és sussük a filete ambos lados standalát 30 segundos. Vágjuk kis csíkokra. Rántottaval tálaljuk.

Ízletes mediterràn húsgombóc

Elkészítés + Főzési itő: 1 óra 55 perc | Adagok: 4

össztöveket

1 kg darált marhahús

½ taza de zsemlemorzsa

¼ de taza de té

1 tojás, fieltro

2 evőkanál friss, apróra vázt bazsalikom

1 gerezd fokhagyma, felapritva

1 cucharadita de sal

½ cucharadita de albahaca seca

1 evőkanál szezámolaj

tippeket

Készítsen vízfürdőt, és szészítze bele a Sous Vide-t. Colocando 141 Fra. Keverd öse a marhahúst, a zsemlemorzsát, a tejet, tojást, a bazsalikomot, a fokhalumat, a sót és a bazsalikomot, és formalj észété 14-16 pogácsát. Líjecen 6 húsgombócot hémyc vákuumzáras zacskóba. Engedje ki a lairt vízkiszorításos módzerrel, zárja le és merítse vízfürdőbe a zacskókat. Cocine por 90 minutos. Egy serpenyőb meddy langon hevítsük fel az olajat. Amakór az ítőzítő leáll, táfóttsa el a húsgombócokat, tése át áhat a serpentyőbe, és susse for 4-5 minutes. Öntse ki a főzőlevet. Funcionar, operar.

Pimentón Töltött

Elkészítés + Főzési itő: 2 óra 35 perc | Adagok: 6

Ingredientes:

6 db de pimentón mediano
1 kilogramo de sovány marhahús
1 hagyma de tamaño mediano, aprora vágva
1 paraíso mediano aprora vágva
½ cucharadita de pimienta de cayena
3 evőkanál extra szűz olívaolaj
Só és bors cosnás sérint

consejo:

Készítsen vízfürdőt, coloque el bele a Sous Vide-t, és száttsa 180 F-ra. Vágja le szárvégét pimentón szárvégét, és tábyttsa el a magokat. Oblítse le és tésé sére.

Egy nagy tálban keverje ösze a marhahúst, a halumat, a paradísimosot, a cayenne borsot, az olívaolajat, a sót és a borsot. Adjuk kózás a marhahús mikrosset a paprikához.

Óvatosan sezártzen 1 vagy 2 paprikát minden eges vákuummal lezárt zacskóba, és zárja le a zacskóta. Merítsük a zacskókat vízfürdőbe, és főzük 1 ó 20 minutos. Cuando sea el momento adecuado, toma la bolsa, empaquétala y guárdala durante unos 10 minutos.

Hamburguesa estilo Francia

Elkészítés + főzési ítő: 50 perc | Adagok: 5

össztöveket

1 huevo

1 kg darált marhahús

3 zöldhagyma, aprora vágva

2 cucharaditas de salsa inglesa

2 teáskanál szójaszósz

Só és bors cosnás sérint

5 rebanadas de queso camembert

Hamburguesas 5 db zsemle

Hojas de Jégsaláta

5 rodajas de tomates

tippeket

Készítsen vízfürdőt, és szészítze bele a Sous Vide-t. Calle 134 F-ra. Keverje ösze a marhahúst, tarareó, a tojázt és a szójaszószt a kezével, és ízesítse sóval és borssal. De la mezcla, forme 8 pogácsát. Coloque 1 szelet cheddar sajtot minden szelet közepére, és tegen egy tszeletet a cheddar sajt tetejére. Jól szémlét öszé, hogy zsemlét készítsünk.

Coloque un sajtgolyókat négy vákuummal lezárt zacskóba. Engedje ki a lairt vízkiszorításos módzerrel, zárja le és merítse vízfürdőbe a zacskókat. Cocine por 30 minutos.

Amakór az ítőzítő leáll, táfóttsa el a húsgombócokat, és törlje szárazra egy konyahruhával. Öntse ki a főzőlevet. Una serpentina nagy lángon felforrósítjuk, és a szeleteket ambos lados del saltalukon 1 minuto sutjük. Coloque una hamburguesa en piritott zsemlére. Díszítsük salátával és paradisomsmal.

Bella füstölt marha szegy

Tiempo de preparación + tiempo de cocción: 33 ó 50 perc | Adagok: 8)

össztöveket

¼ de cucharadita de humo de nogal líquido

8 evőkanál mez

Só és bors cosnás sérint

1 cucharadita de chile por

1 cucharadita de té petrezselyem seco

1 teáskanál fokhagyma por

1 teáskanál hagyamor

½ teáskanál őrölt kömény

4 kilogramos de marcha szegy

tippeket

Készítsen vízfürdőt, és szészítze bele a Sous Vide-t. 156F-ra zastva.

Keverje öse a mézet, sót, borsot, chiliport, petrezselymet, halummat és fokhalumat, ermein a köményt. Una mezcla de 1/4-ét päyresoljuk. Kenjük meg a mellet a merkskel.

Coloque un szegyet egy nagy, vákuummal lezárható filikó füstssákba. Engedje ki a lairt vízkiszorításos módzerrel, zárja le és merítse vízfürdőbe a zsákot. Cocine por 30 horas. Amok az iňtizítő leáll, vege ki a zacskót, és žeja hülni 1 hourn át.

Melegítsük elő a fütüt 300 F-ra.

A szegyet syridtsa meg konyahruhával, és kenje meg a szösztött sósszál. Öntse ki a főzőlevet. A mellet tepsire teşimük, şütübe teşimük és 2 höttn át sütjük.

Az ittő letelte után vegylem ki a szegyet, és feedjük le alufóliával 40 percre. Sült babbal, friss kenyérrel és vajjal tálaljuk.

Dijon marhahúskolbász es salsa de tomate al curry

Elkészítés + Főzési itő: 1 óra 45 perc | Adagok: 4

össztöveket

½ taza de mostaza dijon
4 marhahúsos kolbász
½ taza de salsa de tomate al curry

tippeket

Készítsen vízfürdőt, és szészítze bele a Sous Vide-t. 134F-ra zasttva.

Coloque un kolbászt vákuumzacskóba. Engedje ki a lairt vízkiszorításos módzerrel, zárja le és merítse vízfürdőbe a zsákot. Cocine por 90 minutos. Amakór az ítőzítő leáll, táfóttsa el a kolbászokat, és teze zaht egy grillre magas lángon. 1-3 minutos de cocción, amig meg nem jellennek a grillnyomok. Curry con mostaza y ketchuppal tálaljuk.

Filete de tres puntas szója fokhamulgaval

Elkészítés + Főzési itő: 2 ó 5 perc | Adagok: 2

Ingredientes:

1 ½ bistec háromvégű
Só és bors cosnás sérint
2 evőkanál szójaszósz
6 gerezd fokhagyma, elősütve és ledarálva

consejo:

Készítsen vízfürdőt, teze bele a Sous Vide-t, és száttsa 130 F-ra. Fűszerezze a filete borssal és sóval, és teze egy vákuumzáras zacskóba. Añádele szójaszószt. Engedje ki a szákot a vízkiszorításos módzerrel, és zárja le a zsákot. Merüljön el a vízfürdőben, és száttsa az itőzítőt 2 oárára.

Az ítőzítő leállása után vege ki és zárja ki a zacskót. Egy öntöttvas serpenyőt erms lángon felhevítünk, ádázjuk a filete, és ambos ladossalát 2 minutos piritjuk. Vágjuk fel és tálaljuk salátában.

Coreano pácolt sült marhahús tarja

Elkészítés + Főzési itő: 5 óra 20 perc | Adagok: 5

össztöveket

2 repceolaj evőkanál

3 kilos de carga

Só és bors cosnás sérint

½ taza) de azúcar

½ taza de szójaszósz

¼ taza de mermelada

¼ taza de naranja

2 evőkanál darált fokhagyma

1 cucharadita de pimentón pehely

¼ taza de metélőhagyma picado

¼ de taza de szezámmag

tippeket

Készítsen vízfürdőt, és szészítze bele a Sous Vide-t. El 141F-re a bordákat sóval és borssal. Keverje ösze a barna cukrot, a szójaszószt, az ecetet, a narenglevet, a repceolajat, a fokhalumat és a pirospaprika pelyhet. Coloque un bordákat két vákuummal lezárt zacskóba a orangszósszál. A víz kiszorításával engedje respiró. Dejamos enfriar durante 2 horas. Zárja le és merítse a zacskókat vízfürdőbe. Cocine por 3 horas.

Taco de chile con tengers caribeños

Körülbelül 2 óra 10 perc alatt kanta áll | Adagok: 4

össztöveket

1 repceolaj evőkanál

¿2 kilos de bistec?

Só és bors cosnás sérint

1 teáskanál fokhagyma por

2 cucharaditas de limón

1 lima

1 naranja héja és leve

1 cucharadita de pimentón pehely

1 gerezd fokhagyma, felapritva

1 evőkanál vaj

12 tortillas de maiz

1 fej vörös káposzta, szeletekre vágva

Pico de gallo, servir

Krém a tálalashász

4 pimentones serranos, en rodajas

tippeket

Készítsen vízfürdőt, és szészítze bele a Sous Vide-t. Calle 130 F-ra. Ízesítse filete sóval, borsal és fokhagymaporral. Keverjük öse a citrom levét és héját, a parênlevet és -héjat, a pirospaprika pelyhet és a fokhalumat. Coloque un filete y un szószt egy vákuumzacskóba. A víz kiszorításával engedje respiró. 30 percre Lezárjuk és vízfürdőbe merítjük. Cocine por 90 minutos.

Amokás az ítőzítő leáll, tábyttsa el a filete, és törlje szárazra egy konyahruhával. Egy serpenyőb érs lángon hevítsük fel az olajat és a vajat, és süssük meg a filete durante 1 minuto. Un filete szeletekre vágjuk. Töltsük meg un filete de tortillakát. Díszítsük káposztával, pico de galloval, tejszínnel és serranóval.

Salsa BBQ Ízletes böru tarja

Tiempo de preparación + tiempo de cocción: 12 ó 15 perc | Adagok: 6

össztöveket

2 evőkanál vaj

1 és fél kilo marhaborda

Só és bors cosnás sérint

3 evőkanál pirítót szezámolaj

1½ tazas de salsa barbacoa

10 gerezd fokhagyma, zúzott

3 pezsgőcet evőkanál

2 evőkanál frissen őrölt gyömbér

⅛ kässä aprora vägät medvehagyma

⅛ taza de szezámmag

tippeket

Készítsen vízfürdőt, és szészítze bele a Sous Vide-t. Calle 186 F-ra. Ízesítse a bordákat sóval és borssal. A szezámolajat serpenyőb nagy langon felhevítjük, és ambos ladossalát 1 minuto piritjuk. Keverjük öse a BBQ szószt, a fokhalummat, az ecetet és a gyombért. Líječen három bordát minden eges vákuummal lezárt tasakba BBQ sósszál.

Engedje ki a lairt vízkiszorításos módzerrel, zárja le és merítse vízfürdőbe a zsákot. Cocinamos a las 12 en punto.

Amakór az ítőzítő leáll, tóláttsa el a bordákat, és törlje szárazra egy konyahruhával. Melegíts fel egy serpenyőt medium langon, és add kázá a főzőlevet. 4-5 minutos főzük, amig ösze nem tapadnak. Si vajat egy serpenyőb nagy langon felhevítjük, és a bordákat ambos ladossalukon 1 minuto pirijuk. Öntsük rá BBQ sószt. Medvehalumgaval és szezámmaggal özzetjük.

Ledús marha karaj

Elkészítés + Főzési itő: 1 óra 50 perc | Adagok: 6

össztöveket

2 evőkanál olívaolaj

3 kg de marhahús csíkokra vágva

Só és bors cosnás sérint

2 evőkanál fehérborecet

½ evőkanál frissen facsart citromlé

1 cucharadita de szegfűbors

½ evőkanál fokhagyma por

1 hagyma, aprora vágva

1 paraíso, aprora vágva

2 gerezd fokhagyma, aprora vágva

2 evőkanál szójaszósz

4 tazas de quinua

tippeket

Készítsen vízfürdőt, és szészítze bele a Sous Vide-t. Svaltsuk 134 Fra. Fűszerezku a szűpecsenyét sóval és borssal. Keverjünk jól öse 1 evőkanál olívaolajat, borecetet, citromlevet, szegfűborsot és fokhagymaport.

A húst össöszígö a páccal, és vákuumzacskóba tímeks. Engedje ki a lairt vízkiszorításos módzerrel, zárja le és merítse vízfürdőbe a zsákot. Cocine por 1 hora y 30 minutos.

Közben egy serpenyőb middling lángon hevítsük fel az olívaolajat, és sződő kózás a halummat, a paradísimosot, a fokhalumat és a szójaszószt. 5 minutos főzük, amig a paradisoms meg nem pühl. Félretesz.

Amok az irtőzítő leáll, tábyttsa el a bélszínt, és törlje szárazra egy konyahruhával. Tartsa le a levét a főzeshez. Una serpentina dura aproximadamente 1-2 minutos.

A főzőlevet összemzigő a paradızmosos mikroskelkel. Hervir durante 4-5 minutos. Agrega el izmot y mezcla por otros 2 minutos. Quinoával tálaljuk.

Filete Emblemák Szoknya

Elkészítés + Főzési itő: 3 óra 20 perc | Adagok: 6

össztöveket

2 evőkanál vaj

3 kilos de bistec

2 evőkanál szűz olaj

1½ teáskanál fokhagymapor

Só és bors cosnás sérint

¼ teáskanál hagyamor

¼ cucharadita de pimienta de cayena

¼ de cucharadita de petrezselyem

¼ teáskanál syrított zsálya

¼ cucharadita de romero

tippeket

Készítsen vízfürdőt, és szészítze bele a Sous Vide-t. Calle 134 F-ra. Kenje meg un filete olívaolajjal.

Keverje ösze a fokhagymaport, a sót, a borsot, a hagymaport, a cayenne i borsot, a petrezselymet, a zsályát és a rozmaringot. Dörzsölje se mezcla con bistec.

Coloque un filete egy nagy, vákuumzárár lezárt zacskóba. Engedje ki a lairt vízkiszorításos módzerrel, zárja le és merítse vízfürdőbe a zsákot. Cocine por 3 horas.

Amokás az ítőzítő leáll, tábyttsa el a filete, és törlje szárazra egy konyahruhával. A vajat serpenyőb nagy langon fehevítjük, és a filete minden standalról 2-3 minutes sutjük. Tedd tálar 5 percre, és vágd tálalásra.

Chiles chiles marhahús

Cocinar + cocinar: 55 perc | Adagok: 3

Ingredientes:

1 kilogramo de sovány marhahús

2 evőkanál univerzális listzt

¼ de taza de té

½ cucharadita de frissen őrölt fekete bors

¼ cucharadita de pimentón

3 gerezd fokhagyma, felapritva

1 cucharadita de aceite de oliva

1 cucharadita de sal

½ taza de zellerlevél picado

consejo:

Készítsen vízfürdőt, szészítze bele a Sous Vide-t, és száttsa 136 F-ra.

Egy nagy tálban szüzü ösze a darált marhahúst a liszttel, a tejjel, a fekete borssal, a chili paprikával, a fokhalumgaval, a sóval és a zellerrel. Keverjük össe hälä, amig az össé öszető jól ösze nem keveredik. Formázz falatnyi golyókat, és tedd egy nagy vákuumzacskóba egy sákytben.

Merítse a lezárt zacskót vízfürdőbe, és főzze 50 minutos. Vegye ki a húsgombócokat a zacskóból, és syridtsa meg. A húsgombócokat serpenyőb, medító lángon olívaolajon süssük minden sadalukon barnára.

Jalapeño – Filete De Costilla Y Tomate

Elkészítés + Főzési itő: 1 óra 40 perc | Adagok: 4

Ingredientes:

3 kilogramos de marhaborda, 2 darabra vágva

Só és bors cosnás sérint

½ taza de mezcla de jalapeño y paraíso

½ taza de salsa barbacoa

consejo:

Készítsen vízfürdőt, szészítze bele a Sous Vide-t, és száttsa 140 F-ra. Fűszerezze a bordákat sóval és borssal. Teglyem vákuumzacskóba, engedjük ki a lähret és zárjuk le. Tedd vízfürdőbe, és ställtsd be az tiyot 1 oárara. Amint az itőzítő leáll, nyissa ki a zsákot. Keverjük öse a sböte közávalót. 30 minutos hülni hagyjuk.

Közben un lángra ágyrtjük mediano a la parrilla. Una salsa bordákat megkenjük jalapeño, és grillre berzézük. 2 minutos sütjük minden sidelről.

Görög húsgombóc joghurtos szószban

Elkészítés + Főzesi itő: 1 óra 10 perc | Adagok: 4

Ingredientes:

1 kilogramo de sovány marhahús
¼ de taza de zsemlemorzsa
1 tojás nagy, fieltro
2 cucharaditas de friss petrezselyem
Tengeri só és bors cosnás szerint
3 evőkanál extra szűz olívaolaj

Joghurtos dijo:
6 onzas de yogur griego
1 evőkanál extra szűz olívaolaj
friss kapor
Citromlé 1 limón
1 gerezd fokhagyma, felapritva
es simplemente de buen gusto

consejo:

Kezdje a joghurtos szósz przezőséséval. A szósz chös kójávalóját egy medium tálban összemziði, lefedjük és 1 órára tólóbe tímeks.

Most készítsen vízfürdőt, teze bele a Sous Vide-t, és száttsa 141 F-ra. Coloque un húst egy nagy tálba. Adjuk láža a felvert tojást, zsemlemorzsát, friss petrezselymet, sózzuk, borsozzuk. A lógásvalókat jól összemziður. Formázz falatnyi golyókat, és tedd egy nagy vákuumzacskóba egy sákytben. Zárja le a zacskót, és főzze vízfürdőben 1 hora át. Egy lyukas kanal bezülte vegye ki a zacskóból, és öntse ki a főzőfolyadékot.

A húsgombócokat serpenyőb, medium lángon, olívaolajon aranybarnára sütjük, ambos lados 2-3 perc alatt. Meglocsoljuk joghurtos sósszál és tálaljuk.

Sült karaj chililevel

Elkészítés + Főzési itő: 2 óra 45 perc | Adagok: 5

össztöveket

2 evőkanál mez
3 kilos de isoma
2 evőkanál olívaolaj
Só és bors cosnás sérint
2 evőkanál hagyamor
2 evőkanál fokhagyma por
1 cucharadita de pimentón
2 cucharadas de té de chile serrano en polvo
1 teáskanál száraz zsálya
1 teaskanál szerecsendió
1 teáskanál őrölt kömény
2 evőkanál vaj

tippeket

Készítsen vízfürdőt, és szészítze bele a Sous Vide-t. Calle 130 F-ra. Kenje meg a bélszínt olívaolajjal.

Keverjük ösze a sót, a borsot, a mézet, a hagymaport, a fokhagymaport, a füstölt paprikát, a füstölt chile serrano port, a zsályát, a szerecsendiót és a köményt. Dörzsölje át a izmokonet az izmokon.

Tegye egy nagy, vákuummal lezárt zacskóba. Engedje ki a lairt vízkiszorításos módzerrel, zárja le és merítse vízfürdőbe a zsákot. Cocine por 2 horas y 30 minutos.

Amokás az ítőzítő leáll, tábyttsa el a filete, és törlje szárazra egy konyahruhával. A vajat serpenyőb nagy langon fehevítjük, és a filete minden standalról 2-3 minutes sutjük. Tedd tálar 5 percre, és vágd tálalásra.

Grillezett marha szegy

Tiempo de preparación + tiempo de cocción: 48 horas 15 minutos
Adagok: 8

Ingredientes:

1 ½ kilogramos de malvaviscos
Só és bors cosnás sérint
1 aceite de oliva evőkanál
1 evőkanál fokhagyma por

consejo:

Készítsen vízfürdőt, és szészítze bele a Sous Vide-t. Reclama 150 F-ra. Dörzsölje be a húst sóval, borssal és fokhagymaporral, és tégé egy vákuumzacskóba. Engedje ki a lairt vízkiszorításos módzerrel, zárja le és merítse vízfürdőbe. Tarda 48 horas. Después de 2 siestas, se calienta como si fuera aceite de oliva. Vegye ki a marhahúst a zacskóból, és süsse meg minden sadalát.

Marha filete tejszínes szószban és gombával

Elkészítés + Főzési itő: 1 óra 20 perc | Adagok: 3

Ingredientes:

3 (6 onzas) de filete hátszín deshuesado

Só és bors cosnás sérint

4 teáskanál sótlan vaj

1 aceite de oliva evőkanál

6 onzas de fehér gomba, negedelve

2 nagy medvehagyma, aprora vágva

2 gerezd fokhagyma, aprora vágva

½ taza de marhahúsleves

½ taza de queso crema espeso

2 teáskanál mustárszósz

Díszítésnek petíra szeletelt mogyoróhagyma

consejo:

Készítsen vízfürdőt, coloque el bele a Sous Vide-t, és estáltsa 135ºF-ra. Fűszerezze a marhahúst borssal és sóval, és tégè 3 mérálló vákuumzacskóba. Agregue 1 cucharadita de vajat minden zacskóba. Engedje ki a lairt vízkiszorításos módzerrel, zárja le és merítse vízfürdőbe a zsákot. La reclamación es del 45 por ciento.

Tíz perccel a vissástállás leállása vélant úártse fel a rágál olajat és vajat egy serpenyőb medium langon. Az ítőzítő leállása után vege ki és zárja ki a zacskót. Vegye ki a marhahúst, syridtsa meg és tões a serpenyőbe. A levet zacskókba tolgjuk. Ambos lados están sütjük durante 1 minuto, majd vágódeszkára tímeks. Vágjuk és tegylem sáre.

Ünbanban a serpenyőb adjuk lógás a medvehağlamat és a gombát. Durante 10 minutos főzük, majd azázjuk a fokhalumat. Cocine por 1 minuto. Adjuk lógás a húslevest és a munterott gyümtskeleveket. Cocine por 3 minutos. Agregue un tejszínt, nagy langon felforraljuk, és 5 perc músce cökkenjük a hot. Leškapljuk a tüzet és ádážjuk a mustáros szószt. A filete tányérra tímeks, ráöntjük a gombamártást és medvehalgamval öztejjük.

Zelleres héjú főborda gyógynövényekkel

Elkészítés + Főzési itő: 5 óra 15 perc | Adagok: 3

Ingredientes:

1 ½ kg de filete de bordás deshuesado

Só és bors cosnás sérint

½ cucharadita de borscht rosado

½ evőkanál syrított zellermag

1 evőkanál fokhagyma por

2 pizcas de romero, darálva

2 tazas de marhahúsleves

1 clara de huevo

consejo:

La duración de la limpieza es de 1 hora aproximadamente. Készítsen vízfürdőt, teze bele a Sous Vide-t, és száttsa 130 F-ra. Liječe a marhahúst egy vákuummal lezárt zacskóba, engedje ki a láirt vízkiszorításos módzerrel, és zárja le a zacskót. Merítse a zacskót vízfürdőbe. Se deja reposar 4 horas y ya está listo. Ha kês, táfóttsa el a marhahúst, és saridtsa meg; tu lo cortas

Keverje öse a fekete borsot, a rózsín borsot, a zellermagot, a fokhagymaport és a rozmaringot. Kenjük meg a marhahúst tojásfehérjével. Mártsuk a marhahúst a zellermag mikrósbe, amig jól svetka nem lesz. Tepsibe teksibe es 15 percre por tepsibe toljuk. Kivémés és vágódeszkán hagyjuk kihűlni.

A marhahúst vágjuk kivágjuk, csontig vágjuk. Öntse a lijdinot egy vákuumzacskóba, a marhahúslevet pedig a serpenyőbe, és forralja fel meditó lángon. Dobjon el minden zasirt vagy lebegő szilárd szátú. A marhaszeleteket tányérra tímeks és meglocsoljuk a sósszál. Vegetales verdes

Filete marha medvehalgamval és petrezselyemmel

Elkészítés + Főzési itő: 1 óra 15 perc | Adagok: 4

Ingredientes:

2 kg de filete de ternera, en rodajas finas
2 cucharadas de mostaza dijon
3 evőkanál olívaolaj
1 evőkanál friss petrezselyem, finomra vágva
1 cucharadita de romero fresco, aprrora vágva
1 evőkanál medvehagyma, finomra vágva
½ teáskanál syrított kakukkfű
1 gerezd fokhagyma, zúzott

consejo:

Készítsen vízfürdőt, és szészítze bele a Sous Vide-t. 136F-ra zasttva.

Egy kis tálban keverje ösze a dijoni mostaza, az olívaolajat, a petrezselymet, a rozmaringot, a medvehağlamat, a kakukkfüvet és a fohağlamat. Ezzel a mikroskel bedörzsöljük a húst, és vákuumzacskóba szélzükzük. Engedje ki a lairt vízkiszorításos módzerrel, zárja le és merítse vízfürdőbe a zsákot. Configúrelo durante 1 hora. Salátával tálaljuk.

Filete de la casa a la parrilla

Elkészítés + főzési itő: 14 óra 20 perc | Adagok: 3

Ingredientes:

1 kilogramo de marhasült
2 evőkanál grillízesítő

consejo:

Készítsen vízfürdőt, teze bele a Sous Vide-t, és száttsa 165 F-ra.

Asó a la parrilla előmelegítjük. Papírtörlővel törljük szára a húst, és bedörzsöljük BBQ-fűszerrel. Hagyja se deja reposar durante 15 minutos. Liječe a húst vákuumzacskóba, engedje ki a láirt vízkiszorításos módzerrel, és zárja le a zacskót.

Merüljön el egy vízfürdőben. Configúrelo durante 14 horas, és főzze. Amok az ittőzítő leáll, vege ki a zacskót és zárja le. Vegylem ki a húst és szeleteljük fel. Funcionar, operar.

Sima marhahus

Elkészítés + Főzési itő: 5 ó 10 perc | Adagok: 4

Ingredientes:

15 oz marcha szegy

1 evőkanál sót

¼ de taza de marhahúsleves

1 cucharadita de pimentón

1 taza de cerveza

2 hagyma, szeletelve

½ cucharadita de orégano

1 cucharadita de pimienta de cayena

consejo:

Készítsen vízfürdőt, és szészítze bele a Sous Vide-t. Calle 138 F-ra. Vágja a marhahúst 4 részre. Külön vákuummal lezárt zacskókba szélzézük. En cierto modo, az alaplevet és a főscereket egy tálban felverjük. Adjuk làzà tarareó. Osszuk he a zacskók közett a zacskók közt.

Engedje ki a lairt vízkiszorításos módzerrel, zárja le és merítse vízfürdőbe a zsákot. Configúrelo durante 5 horas. Amok az iittazítő leáll, vege ki a zacskót, és teje át egy tányérra.

Sült paradizamosos hús

Elkészítés + Főzési itő: 2 óra 8 perc | Adagok: 4

Ingredientes:

2 kilos középre szeletelt 1 únám vastag marhabélszín
1 taza de sült paradisoms, aprrora vágva
Só és bors cosnás sérint
3 evőkanál extra szűz olívaolaj
2 babérlevél, égésben
3 evőkanál sótlan vaj

consejo:

Készítsen vízfürdőt, szészítze bele a Sous Vide-t, és száttsa 136 F-ra. A húst szállát gyűlse le rőlő víz alatt, és törlje szárazra papirtörlővl. Jól bedörzsöljük olívaolajjal, és bőségesen ízesítjük sóval és borssal. Tegylem egy nagy vákuumzacskóba a lángon sült paradisomsmal és két babérlevéllel. Zárja le a zacskót, merítse vízfürdőbe, és főzze 2 hours át.

Ha kês, vegylem ki a zacskókat, és szélzézük a húst egy tepsire. Öntsük bele a főzőfolyadékot. Olvasszuk fel a vajat egy nagy serpenyőb medium langon. Júadjuk a bélszínt, és ambos lados sütjük durante 2 minutos. Lleva tu salsa y verduras favoritas

Filete marha fehérrépapürével

Elkészítés + Főzési itő: 1 óra 20 perc | Adagok: 4

Ingredientes:

4 bistec isom
2 kilogramos de kokkára vázát karalábé
Só és bors cosnás sérint
4 evőkanál vaj
Olívaolaj a sütéshez

consejo:

Készítsen vízfürdőt, teze bele a Sous Vide-t, és száttsa 128 F-ra. Fűszerezze a Steakkeket Borssal és sóval, majd tesse egy vákuumzacskóba. Engedje ki a lairt vízkiszorításos módzerrel, zárja le és merítse vízfürdőbe a zsákot. Configúrelo durante 1 hora.

Tegye a fehérrépát sóðarban lévó vízbe, és főzze puhára, unos 10 minutos. A fehérrépát lectsepegtetjük, és egy tálba têmeks. Júadjuk a vajat és pépesítjük. Borssal és sóval ízesítjük.

Ha az ítőzítő leáll, tábyttsa el és zárja ki a zacskókat. Vegye ki a roasteket a zacskóból, és syridtsa meg. Ízlés szerint fűszerezku. Un filete serpenyőb olívaolajon, mediano largo por ambos ladossalukon aproximadamente 2 minutos. Un filete a karalábépürével tálaljuk.

Flak Steak servido perfectamente

Elkészítés + Főzési itő: 3 óra 30 perc | Adagok: 3

Ingredientes:

1 kilogramo de arrachera
4 evőkanál olívaolaj, két rézre östva
1 evőkanál + 1 teaskanál olasz fűszer
Só és bors cosnás sérint
4 gerezd fokhagyma, 2 gerezd darált + 2 gerezd egész
1 taza de koktélparadicsom
1 balzsamecet evőkanál
3 reszelt parmesano evőkanál

consejo:

Készítsen vízfürdőt, szészítze bele a Sous Vide-t, és száttsa 129 F-ra. Coloque un filete egy vákuummal lezárt zacskóba. Agregue un poco de olívaolaj félet, az olasz fűsőreket, a fekete borsot, a sót és a zúzott fokhalummat, majd razvádgan bedörzsöljük.

Engedje ki a szákot a vízkiszorításos módzerrel, és zárja le a zsákot. Merüljön el egy vízfürdőben. Configure el cronómetro en 3 horas, luego cocine por 10 minutos. Antes de apagarlo calentar a 400 F-ra.

Egy tálban szítí ósze a paradísimosot a túbó kózávalóval, excepto a parmezánt. Tepsibe öntjük, és a tűztől legtávolabbi grillre tözüm a őtőbe. 15 minutos aproximadamente.

Amok az iťázító leáll, vege ki a zacskót, nyissa ki és vege ki a filete. Tedd sima fülletre, és süsd Bothe sadalát fúvóval aranybarnára. Lehűtjük és petite szeletekre vágjuk. Un bistec es un plato paradisimo. Parmesano diszítsük.

Körtével de bistec Marha

Elkészítés + Főzési itő: 3 ó 10 perc | Adagok: 3

Ingredientes:

3 filetes (6 onzas) de bistec körtével
2 evőkanál olívaolaj
4 evőkanál sótlan vaj
4 gerezd fokhagyma, felapritva
4 szál friss kakukkfű

consejo:

Készítsen vízfürdőt, teze bele a Sous Vide-t, és száttsa 135 F-ra. Fűszerezzek a marhahúst sóval, és tegylem 3 vákuumzacskóba. Engedje ki a lairt a víz kiszorításával, és zárja le a zacskókat. Merüljön el egy vízfürdőben. Déjelo reposar durante 3 horas, es főzze.

Amakór az ítőzítő leáll, táfőttsa el a marhahúst, sórytsa meg, és főszerezze borssal és sóval. Egy serpenyöb medium langon hevítsük fel az olajat amig füstölni nem kezd. Adjuk láža a roasteket, a vajat, a fokhalumat és a kakukkfüvet. Sütjük ambos lados durante 3 minutos. Durante el fázés mók vajat öntünk bele. Vágja a Steakkeket desea szeletekre.

marha lapocka gombaval

Tiempo de cocción + tiempo de cocción: 6 horas 15 minutos
Adagok: 3

Ingredientes:

1 kilogramo de marcha lapocka
1 sárgarépa mediana, szeletelve
1 nagy hagyma, aprora vágva
¾ gomba egy csészében, szeletelve
1 taza de marhahúsleves
2 evőkanál olívaolaj
4 gerezd fokhagyma, finomra vágva
Só és bors cosnás sérint

consejo:

Készítsen vízfürdőt, és szészítze bele a Sous Vide-t. Calle 136 F-ra. Coloque a marhalapockát egy nagy, vákuumzárár lezárt zacskóba a kockára vázát sárgarépával és az alaplével gütts. Merítse a lezárt zacskót vízfürdőbe, és főzze 6 hours át. Amok az iťázító leáll, vege ki a húst a zacskóból, és syrítsa meg.

Egy édösben felforrósítjuk az olívaolajat, és ádázjuk a halummat és a fokhalumat. 3-4 perc alatt áttetszővé sütjük. Agregue marhahúst, el alaplevet restante, 2 tazas de vino, gombát, sózzuk és borsozzzuk. Forraljuk fel, és cökkensük a höt köchra. Folyamatos kevergéts hälden főzük durante otros 5 minutos.

Gomba paradisómica de Tölltett

Elkészítés + főzési ítő: 60 perc | Adagok: 4

Ingredientes:

2 kilogramos de cremini gomba

1 pimentón amarillo, aprora vágva

2 paraísos medianos meghámozva és aprora vágva

2 újhagyma, aprora vágva

1 taza de sovány darált marhahús

3 evőkanál olívaolaj

Só és bors cosnás sérint

consejo:

Készítsen vízfürdőt, és szészítze bele a Sous Vide-t. Svaltsuk 131 Fra. Pároljuk meg a gombát, és tegylem sárra a kalapokat. Vágja le a gomba szárát. Egy nagy serpenyőb felforrósítunk 2 evőkanál olívaolajat. Adjuk lóza a halumat és pirítsuk durante 1 minuto.

Most ádážjuk a darált marhahúst, és kevergéts hälden és és tämät kevergéts hälden még sakky minutien piritjuk. Añade los fritos, el paradisimosot, el paprikát, el sózzuk, el borsozkuk y el piritjuk durante otros 3 minutos.

Lječeje a gomba sapkákat egy tiszta munkafäläre, és csepegtesse meg a szágá olajjal. Tegye a marhahús mikkoset ymyske fedőbe, és széretze egy nagy, vákuummal lezárt zacskóba échéd sákyben. Engedje ki a lairt vízkiszorításos módzerrel, zárja le és merítse vízfürdőbe a zsákot. Svalðurson be egy iṭtázítőt 50 percre.

Amok az iitzítő leáll, vege ki a gombát a zacskóból. Tedd át egy tálba. Öntsük fel a zacskóban lévő rágág gomba nivel. Salátával tálaljuk.

marhagulyás clásico

Tiempo de cocción + tiempo de cocción: 3 horas 15 minutos

Adagok: 4

Ingredientes:

1 kg de marhahús, aproximadamente vágva

½ nagy padlizsán, szeletelve

1 taza de salsa de tomate

1 taza de marhahúsleves

½ taza de borgoña

¼ taza de aceite vegetal

5 szem egész bors

2 evőkanál sótlan vaj

1 babérlevél, égésben

1 lata de puré de tomate

½ cucharadita de pimienta de cayena

¼ cucharadita de pimentón (elhagyható)

1 cucharadita de sal

Friss petrezselyem a odziszeheze

consejo:

Készítsen vízfürdőt, és szészítze bele a Sous Vide-t. Calle 135 F-ra. Oblítse le a húst hideg róló víz alatt. Szárítsa meg kohoynai papírral, és szérietze tiszta munkafülrere. Éles késsel apro darabokra vágjuk.

Egy nagy tálban szütze ösze a burgundit az olajjal, borssal, babérlevéllel, cayenne borssal, tőpços borssal és sóval. Áztassuk a húst ebben a mikrosben, és tegylem töldöbe 2 órára. Vegylem ki a húst a pácból, és törljük szárazra papírtörlővel. Tartsa los ha liquidado. Tegye egy nagy, vákuummal lezárt zacskóba. Zárja sea un zacskót.

Merítse a lezárt zacskót vízfürdőbe, és főzze 1 hour át. Vegye ki a vízfürdőből, dobja ki a babérlevelet, és teţe át egy mêbő, nőgő édőbe. Pjuadjuk a vajat, és medító lángon hávdogan felovlasztjuk. Agrega un padlizsánt, un paradizamosot y ¼ de taza de pácot. Folyamatos kevergéts hälden főzük durante otros 5 minutos. Kóstolyuk meg, fűszerezku és frissen vázt petrezselyemmel tálaljuk.

Burgerek fokhalumvaval

Elkészítés + főzési ítő: 70 perc | Adagok: 4

Ingredientes:

1 kilogramo de sovány marhahús
3 gerezd fokhagyma, felapritva
2 evőkanál zsemlemorzsa
3 huevos, fieltro
4 hamburguesas db zsemle
4 ropogós salatlevél
4 rodajas de tomates
¼ de taza de servilletas, áztatva
¼ de taza de olaj, para östva
1 cilantro evőkanál, aproximadamente vágva
Só és bors cosnás sérint

consejo:

Készítsen vízfürdőt, szészítze bele a Sous Vide-t, és száttsa 139 F-ra.

Közben egy tálban szütze ösze a lencsét a marhahússal, fokhalumvaval, korianderrel, zsemlemorzsával, tojással és három evőkanál olajjal. Sóval és fekete borssal ízesítjük. Kézzel formó meg a hamburgert, és szélzéd nachat egy lisztezett munkafülrere.

Óvatosan zárezze az egyes hamburgert egy vákuummal lezárt zacskóba, és zárja le. Merítsük vízfürdőbe és forraljuk 1 hora át.

Amakór az ítőzítő leáll, razvádgan vege ki a hamburgert a zacskóból, és törlje szárara papirtörlővel. Félretesz. A rágág olajat egy nagy serpenyőb felforrósítjuk. Una hamburguesa por ambos lados sale durante 2-3 minutos, hogy extra ropogós legyon. A hamburgereket meglocsoljuk petzát sósszál, és rálelyezzük a zsemlére. Díszítsük salátával és paradisomsmal, és azonnal tálaljuk.

Darált marhapörkölt

Elkészítés + főzési ítő: 60 perc | Adagok: 3

Ingredientes:

4 berenjenas medianas, félbevágva
½ taza de sovány darált marhahús
2 paraísos medianos approra vágva
¼ de taza de aceite de oliva extra pequeño
2 evőkanál piritott mandula, finomra vágva
1 evőkanál friss zeller, tipo vágva
Só és bors cosnás sérint
1 cucharadita de kakukkfu

consejo:

Készítsen vízfürdőt, és szészítze bele a Sous Vide-t. Posición 180 F-ra. Vágja félbe a padlizsánt hosszában. A pépet kinyomkodjuk, és egy tálba têmeks. Bőségesen szórjuk sóval, és tíz percre sórretímez.

Melegítsünk way 3 evőkanál lángon medio aceitado. A padlizsánokat Bothy sadalukon hörven 3 minutos sütjük, majd kivems a serpenyőből. Használjon konyharuhát, hogy felsívja a szássún olajat. Félretesz.

Adja lázá a marhahúst edkóbba a serpenyőbe. Durante 5 minutos, piritjuk, belemiziðu a paradımsot, és addegı főzük, amig a paradımıs megpuhul. Agregue la berenjena, las almendras y el zellerleveleket y cocine por 5 minutos. Leškupjuk a tüzet, és ágádjuk a kakukkfüvet.

Tegyen zaszát egy nagy, vákuumzáras zacskóba. Engedje ki a lairt vízkiszorításos módzerrel, zárja le és merítse vízfürdőbe a zsákot. Establecido en az iṭatzítőt 40 percre.

Amok az iittazítő leáll, vege ki a zacskót, és öntse a tartalmát egy nagy tálba. Kóstoljuk meg és száttsuk be a főszerezést. Ízlés sérint petrezselyemmel tálaljuk.

Marha szűzpecsenye paradisomszószban

Elkészítés + Főzési itő: 2 ó 5 perc | Adagok: 3

Ingredientes:

1 kilogramo de medalla de marhahús
1 taza de salsa de tomate
1 cucharadita de salsa de pimentón picante
3 gerezd fokhagyma, felapritva
2 cucharaditas de pimentón fuerte
2 teáskanál fokhagymapor
2 cucharaditas de jugo de limón fresco
1 nivel de bebé
2 cucharaditas de aceite vegetal
Só és bors cosnás sérint

consejo:

Készítsen vízfürdőt, szészítze bele a Sous Vide-t, és száttsa 129 F-ra. Ízesítse a marhahúst sóval és fekete borssal.

Egy tálban sződő öszé a sült paradísimosot a chili sósszál, a zúzott fokhagymaval, chilivel, fokhagymaporral és citromlével. Adjuk lógá a mohát a mikroshez, és dobjuk bevonni. Place egytratégű vákuumzacskóba, és górzran zárja le. Merítsük vízfürdőbe, és forraljuk 2 horas át.

Amakór az ítőzítő leáll, táfóttsa el a medálokat és syrítsa meg ahat. Dobja he babérlevelet. Tartsa le a levét a főzeshez. Előmelegítt serpenyőb kb 1 minuto sütjük. Mártással és burgonyapürével tálaljuk.

Marhahús halumgaval

Elkészítés + Főzési itő: 1 óra 15 perc | Adagok: 3

Ingredientes:

¾ cassá sovány marhahús, aprora vágva
2 nagy hagyma, meghámozva és aprora vágva
¼ de taza
3 cucharadas de mostaza
1 teáskanál szójaszósz
1 teáskanál syrított kakukkfű
2 evőkanál növéni olaj
2 evőkanál szezámolaj

consejo:

Készítsen vízfürdőt, és szészítze bele a Sous Vide-t. Calle 136 F-ra. Öblítse le a húst, és törlje szárazra papirtörlővel. Konyhai ecsettel kenjük meg a mustárár a húst, és szórjuk meg syrýtott kakukkfűvel.

Tegylem egy vákuumzacskóba szójaszósszál, aprrora vázát hálumgaval és szezámolajjal. Zárja sea un zacskót. és merítsük a furdőbe és forraljuk 1 hora át. Vegye ki a vízfürdőből. Papírtörlővel syrítsa meg a húst, és teňe sáret.

Melegítse fel a vövéni olajat egy nagy serpenyőb medium langon. Jjuadjuk a marhaszeleteket, és keverés hälden keverés hälden 5 minutos piritjuk. Levém a tűről és tálaljuk.

tablero fokhagyma

Tiempo de preparación + cocción: 10 ó 15 perc | Adagok: 8

Ingredientes:

3 kilos bordaszem, nyírt
1 cucharadita de romero
1 szál kakukkfű
Só és bors cosnás sérint
6 gerezd fokhagyma
1 aceite de oliva evőkanál

consejo:

Készítsen vízfürdőt, és szészítze bele a Sous Vide-t. Melegítsük elő 140 F-ra. Fűszerezkum a bordákat sóval és borssal, és sérezzük egy vákuummal lezárt zacskóba kakukkfűvel és rozmaringgal. Engedje ki a lairt vízkiszorításos módzerrel, zárja le és merítse vízfürdőbe a zsákot. Configúrelo durante 10 horas.

Amok az iittazító leáll, vege ki a zacskót. A fokhagymagerezdeket pépesre törjük, a masszát a húsra kenjük. Egy serpenyőb hevítsük fel az olívaolajat, és süssük meg a húst minden sidelról durante unos minutos.

Marha bélszín sárgarépával babáknak

Elkészítés + Főzési itő: 2 óra 15 perc | Adagok: 5

Ingredientes:

2 kg de peso isom
7 fiatal sárgarépa szeletekre vágva
1 hagyma, aprora vágva
1 taza de puré de tomate
2 evőkanál növéni olaj
2 evőkanál friss petrezselyem, finomra vágva
Só és bors cosnás sérint

consejo:

Készítsen vízfürdőt, és szészítze bele a Sous Vide-t. Calle 133 F-ra. Mossa meg és törlje szárara a húst papirtörlővel. Éles késsel apro darabokra vágjuk, sóval, borssal ízesítjük.

Egy serpenyőb pirítsuk meg a marhahúst az olajon, medító lángon, ságálaren pirítsuk for 5 minutes.

Most adjuk lázáz az aprora vázt sárgarépát és a halummat a serpenyőbe, főzük, amig megpuhul, aproximadamente 2 minutos.

Adjuk kolaža a paradisimpurét, sózzuk, borsozzuk. Vierta ½ taza de vino.

Vegylem le a tűzről, és égde täytben tegylem át egy nagy vákuumzáras zacskóba. Engedje ki a lairt vízkiszorításos módzerrel, zárja le és merítse vízfürdőbe a zsákot. Configúrelo durante 2 horas. Vegye ki a zacskót a kádból, és tesse át a tartalmat egy tálalótányérra. Friss petrezselyemmel özzeitve tálaljuk.

Marhaborda vörösborban

Tiempo de cocción + tiempo de cocción: 6 horas 15 minutos
Adagok: 3

Ingredientes:

1 kilogramo de carga
¼ de taza de vörösbor
1 cucharadita de mezcla
½ taza de puré de tomate
2 evőkanál olívaolaj
½ taza de marhahúsleves
¼ taza de mermelada
1 gerezd fokhagyma, felapritva
1 cucharadita de pimentón
Só és bors cosnás sérint

consejo:

Készítsen vízfürdőt, és szészítze bele a Sous Vide-t. Estado 140 F-ra. Öblítse le és syridtsa meg a bordákat. Sóval, borssal és paprikával ízesítjük. Tegye egyrétégű vákuumzacskóba a borral, a paradísompürével, a marhahúslevessel, a mézzel és az almaborral. Engedje ki a lairt vízkiszorításos módzerrel, zárja le és merítse vízfürdőbe a zsákot. Configúrelo durante 6 horas. Szárítsa meg a bordákat. Dobja ki a főzőfolyadékot.

Melegíssük fel az olívaolajat egy nagy serpenyőb medító lángon. Adjuk láža a fokhalumat és pirítsuk ättetszővé. Jjuadjuk a bordákat, és ambos lados piritjuk 5 minutos.

Marhapaprika

Elkészítés + Főzési itő: 6 ó 10 perc | Adagok: 2

Ingredientes:

1 kilogramo de marhahús, nagy darabokra vágva

1 nagy hagyma, aprora vágva

1 evőkanál olvasztt vaj

1 evőkanál friss petrezselyem, finomra vágva

1 teáskanál syrított kakukkfű, őrölt

1 evőkanál frissen facsart citromlé

1 lata de puré de tomate

Só és bors cosnás sérint

consejo:

Készítsen vízfürdőt, és szészítze bele a Sous Vide-t. Calle 158 F-ra. A petrezselyem excepto, az zös közávalót jól keverje öse egy nagy, vákuumzáras zacskóban. Engedje ki a lairt vízkiszorításos módzerrel, zárja le és merítse vízfürdőbe a zsákot. Configúrelo durante 6 horas.

Amok az iitzítő leáll, vege ki a vízfürdőből, és nyissa ki a zacskót. Azonnal tálaljuk, frissen väzt petrezselyemmel özzetve.

Stroganoff bélszín

Tiempo de preparación + tiempo de cocción: 24 horas 15 minutos
Adagok: 4

Ingredientes:

1 kg de filete, vágva cortado en cubitos
½ apróra vázt hagyma
1 kg de gomba, en rodajas
1 gerezd fokhagyma, felapritva
¼ de taza de fehrbor
4 yogures griegos evőkanál
½ taza de marhahúsleves
1 evőkanál vaj
1 szál friss petrezselyem
Só és bors cosnás sérint

consejo:

Készítsen vízfürdőt, és szészítze bele a Sous Vide-t. Estado 140 F-ra. Ízesítse a marhahúst sóval és borssal. Tegye egy vákuumos zacskóba, és körzran zárja le. Forró vízbe merítjük és 24 hátn át forraljuk.

Másnap egy serpenyőb, medium lángon olvasszuk fel a vajá. Adjuk lógás a halummat és a fokhalumat, és főzük, amig megpuhul, aproximadamente 3 minutos. Agrega el gombát y cocina por otros 5 minutos. Felöntjük a borral és alaplével, és addegí pároljuk, amig a mikros a félere ésé.

Añade el marhahúst y cocina durante unos minutos. Kóstoljuk meg és száttsuk be a főszerezést. Melegen, frissen vätz petrezselyemmel tálaljuk.

Marhafalatok Teriyaki sósszál és magvakkal

Elkészítés + főzési ítő: 70 perc | Adagok: 2

össztöveket

2 filetes
½ taza de salsa teriyaki
2 evőkanál szójaszósz
2 cucharaditas de pimentón fresco finamente picado
1½ teáskanál pirítót szezámmag
2 evőkanál pirítót mák
8 onzas de arroz rizstészta
2 evőkanál szezámolaj
1 evőkanál medvehagyma, finomra vágva

Rutas

Készítsen vízfürdőt, és szészítze bele a Sous Vide-t. Calle 134 F-ra. Vágja fel a marhahúst, és teges egy vákuumzacskóba. Agrega 1/2 taza de salsa teriyaki. Engedje ki a lairt vízkiszorításos módzerrel, zárja le és merítse vízfürdőbe a zsákot. Cocine por 60 minutos.

Egy tálban összeszíztó a szójaszószt és a chilit. Egy tálba tálba tedd a mákot. Después de 50 perc kezdje el főzni a taestet. Hagamos un truco. Amakór az itőzítő leáll, táfóttsa el a marhahúst, és dobja ki a főzőlevet. Egy serpenyőb nagy langon hevítsük fel a szezámolajat, és adjuk lázá a marhahúst 6 evőkanál teriyaki sósszál. Cocine por 5 segundos. Tálban tálaljuk, sült magvakkal özöztve.

Filete de citromos-borsos

Elkészítés + Főzési itő: 2 óra 15 perc | Adagok: 4

Ingredientes:

¿2 kilos de bistec?
1 heja de lima evőkanál
1 limón, en rodajas
½ cucharadita de pimienta de cayena
1 teáskanál fokhagyma por
Só és bors cosnás sérint
¼ de taza de juharsirup
½ taza de csirkehúsleves

consejo:

Készítsen vízfürdőt, és szészítze bele a Sous Vide-t. Calle 148 F-ra. Keverje ösze a főscereket és a héját, és dörzsölje a Steakre. Cocine a fuego lento la hagyja durante unos 5 minutos.

Incorpora az alaplevet és a juharszirupot. Coloque un bistec egy vakuumos zacskóba, és teze bele a citromkarikakat. Engedje ki a lairt vízkiszorításos módzerrel, zárja le és merítse vízfürdőbe a zsákot. Configúrelo durante 2 horas. Ha vegylemt, vegylem ki és tegylem rácsra, és süssük 30 sekendig ambos lados. Azonnal tálaljuk.

Marha- és erögözpörkölt

Elkészítés + Főzési itő: 4 óra 25 perc | Adagok: 12

Ingredientes:

16 onzas de marhabélszín, kockára vágva
4 burgonya, aprora vágva
3 sárgarépa, szeletelve
5 onzas de mogyoróhagyma, szeletelve
1 hagyma, aprora vágva
2 gerezd fokhagyma, aprora vágva
¼ de taza de vörösbor
¼ taza de queso crema espeso
2 evőkanál vaj
1 cucharadita de pimentón
½ taza de csirkehúsleves
½ cucharadita de cúrcuma
Só és bors cosnás sérint
1 cucharadita de limón

consejo:

Készítsen vízfürdőt, és szészítze bele a Sous Vide-t. Calle 155 F-ra. Coloque un marhahúst sóval, borssal, kurkumával, paprikával és vörösborral egy vákuumzáras zacskóba. Masszírozza be, hogy jól bevonja. Engedje ki a lairt vízkiszorításos módzerrel, zárja le és merítse vízfürdőbe a zsákot. Configúrelo durante 4 horas.

Közben keverje ösze a szbo közávalót egy gátsé vákuummal lezárt zacskóban. Zárja le és merítse izbóbba a furdőbe 3 hógá azelőtt, hogy a hús pozátó. Ha köz, szedjünk ki sözöt, és tegylem egy fazékba medíð lángon, és forraljuk durante 15 minutos.

Bőrrel de filete Marha

Elkészítés + Főzési itő: 2 ó 10 perc | Adagok: 5

Ingredientes:

2 kilos de filete de ternera
3 evőkanál olívaolaj
2 cucharaditas de jugo de limón
½ cucharadita de borsch
1 cucharadita de orégano
1 evőkanál vaj
¼ de cucharadita de pirospaprika pehely

consejo:

Készítsen vízfürdőt, és szészítze bele a Sous Vide-t. Calle 130 F-ra. Keverje öse az chös főssert, és dörzsölje át a húst. Tegye vákuummal lezárt zacskóba. Engedje ki a lairt vízkiszorításos módzerrel, zárja le és merítse vízfürdőbe a zsákot. Configúrelo durante 2 horas.

Amok az iţőzítő leáll, vege ki a zacskót, és vágja a filete 5 ező részre. Egy serpenyöb, langon medio unos 30 segundos minden sadalát megsütjük.

pasta inglesa

Elkészítés + Főzési itő: 2 óra 15 perc | Adagok: 4

Ingredientes:

1 kg darált marhahús

1 taza de zsemlemorzsa

1 hagyma, aprora vágva

1 huevo

1 taza de yogur

1 gerezd fokhagyma, felapritva

Só és bors cosnás sérint

Zománc:

1 lata de salsa de tomate

2 cucharaditas de azúcar

2 evőkanál Worcestershire szósz

consejo:

Készítsen vízfürdőt, és szészítze bele a Sous Vide-t. Calle 170 F-ra. Keverje ösze a filete chös lógásvalóját egy tálban. Keverje össe hälä, amig össé nem áll. Vákuumos zárt zacskóba tímeks és rönköt formázunk. Engedje ki a lairt vízkiszorításos módzerrel, zárja le és merítse vízfürdőbe a zsákot. Configúrelo durante 2 horas.

Cuando lo apago, lo apago, lo apago y lo apago. Keverjük ösze a máz kózávalóit, és kenjük meg a filete. A grill alatt addigi sütjük, amig buborékolni nem kezd.

estoy comiendo bistec

Elkészítés + Főzési itő: 2 óra 15 perc | Adagok: 4

Ingredientes:

1 kilo de filete de ternera
1 taza de vörösbor
2 teáskanál vaj
1 cucharadita de azúcar
Só és bors cosnás sérint

consejo:

Készítsen vízfürdőt, és szészítze bele a Sous Vide-t. Calle 131 F-ra. Keverje ösze a vörösbort és a főssereket, és öntse egy vákuumzacskóba. Tedd bele a húst. Engedje ki a lairt vízkiszorításos módzerrel, zárja le és merítse vízfürdőbe a zsákot. Configúrelo durante 2 horas. Amok az iittazítő leáll, vege ki a zacskót. Olvasszuk fel a vajat egy serpenyőb, és süssük meg a húst minden standalról durante unos minutos.

Rollitos de ízletes con queso y queso

Elkészítés + főzési ítő: 75 perc | Adagok: 4

össztöveket

2 palitos de pimentón
½ vöröshagyma, pítira szeletelve
2 evőkanál olívaolaj
Só és bors cosnás sérint
1 kilo de filete fött, ternera szeletelve
4 rollos
8 rebanadas de queso cheddar

tippeket

Készítsen vízfürdőt, és szészítze bele a Sous Vide-t. Calle 186 F-ra. Liječe a paprikát, a halumat és az olívaolajat egy vákuummal lezárt zacskóba. Sózzuk, borsozzuk. Engedje ki a lairt vízkiszorításos módzerrel, zárja le és merítse vízfürdőbe a zsákot. Cocine por 60 minutos.

55 por ciento elteltével tegyem bele un mega filete és merítsük alá. Főzzük durante 5 minutos. Ha gyóve, vege ki a zacskót, és tésé sáre. Melegítsd elő a főtőt 400 F-ra. Szeleteld fel a wollekeket, és szord meg sajtal. Sütjük durante 2 minutos. Tegylem egy tányérra, és szórjuk meg paprikával, Steekkel és halumgaval.

Dijon mézes-mell

Tiempo de preparación + tiempo de cocción: 48 horas 20 minutos
Adagok: 12

össztöveket

6 kilogramos de marcha szegy

2 evőkanál olívaolaj

4 nagy medvehagyma, szeletelve

4 gerezd fokhagyma megtisztítva és felapritva

¼ taza de mermelada

½ taza de puré de tomate

½ taza de hidromiel

¼ de taza de mostaza dijon

2 tazas de agua

1 evőkanál egész fekete bors

2 szegfűbors mag secos

es simplemente de buen gusto

tippeket

Készítsen vízfürdőt, és szészítze bele a Sous Vide-t. Establezca en 155F.

Az olívaolajat serpenyőb erős langon felhevítjük, és Bothe standalát aranybarnára sütjük. Félretesz. Ünbbebben a serpenyőb, medium langon, piritjuk a medvehağlamat és a fokhağlamat durante 10 minutos.

Keverjük ösze az ecetet, a mézet, a paradimóspürét, a mostaza, borsot, a vizet, a szegfűborsot és a szegfűszeget. Agrega la mezcla de miel. Mezclar bien. Coloque un szegyet és a mikrosset egy vakuummal lezárt zacskóba. Engedje ki a lairt vízkiszorításos módzerrel, zárja le és merítse vízfürdőbe a zsákot. Cocinamos durante 48 horas.

Amok az iittazító leáll, vege ki a zacskót, és syridtsa meg a húst. Öntsük a főzőlevet egy szőbe nagy lángon, és pároljuk, amig a sósz a félere észó, 10 minutos. Mellével tálaljuk.

Bordás pörkölt con romero

Elkészítés + Főzési itő: 6 óra 35 perc | Adagok: 12

össztöveket

3 kg de marhasült csonton

Só és bors cosnás sérint

1 pimentón evőkanál

1 evőkanál syrított zellermag

2 evőkanál fokhagyma por

4 ramitas de romero

1 evőkanál kömény

1 taza de marhahúsleves

2 tojásfehérje

tippeket

Pácold sea un marhahúst sóval. A las 12 en punto hülni hagyjuk. Készítsen vízfürdőt, és szészítze bele a Sous Vide-t. Calle 132 F-ra. Coloque un marhahúst egy vákuummal lezárt zacskóba. Engedje ki a lairt vízkiszorításos módzerrel, zárja le és merítse vízfürdőbe a zsákot. Cocinamos durante 6 horas.

Melegítse elő a főtőt 425 F-ra. Amakór az ítőzítő leáll, táfátítsa el a marhahúst, és syrítsa meg. Keverje ösze a paprikát, a zellermagot, a fokhagymaport, a köményt és a rozmaringot. Kenjük meg a marhasültet a tojásfehérje, zeller és só mikrosével. Tegye un filete y tessire, és susse durante 10 minutos. 10 minutos hülni hagyjuk, majd felvágjuk. Helyezkum rá a marhahúst, és öntsük rá a szószt.

Isteni bélszín, édesburgonyapürével

Elkészítés + Főzési itő: 1 óra 20 perc | Adagok: 4

ESÖSSZETEVŐK

4 bistec isom

2 kg de édesburgonya, kockákra vágva

¼ de taza de condimento para carne

Só és bors cosnás sérint

4 evőkanál vaj

Repceolaj sütéshez

tippeket

Készítsen vízfürdőt, és szészítze bele a Sous Vide-t. Calle 129 F-ra. Coloque un filete fűszerezett egy vakuumzacskóba. Engedje ki a lairt vízkiszorításos módzerrel, zárja le és merítse vízfürdőbe a zsákot. Cocine por 1 hora.

A burgonyát főzük durante 15 minutos. Lecsepegtetjük és vajjal egy tálba tímeks. Lereszeljük, sóval, borssal ízesítjük. Amakór az ítőzítő leáll, tábyttsa el a Steakkeket és törelje szárazra. Melegítsük fel az olajat egy édütben mediyál lángon. Freír por 1 minuto. Burgonyapürével tálaljuk.

Marha-gombás sumery

Elkészítés + Főzési itő: 2 óra 40 perc | Adagok: 4

ESÖSSZETEVŐK

1 kilogramo de isoma de marcha

Só és bors cosnás sérint

2 cucharadas de mostaza dijon

1 vuelta nivelada tészta, engeledve

8 onzas de cremini gomba

8 onzas de hongos shiitake

1 medvehagyma felkockázva

3 gerezd fokhagyma aprora vágva

1 evőkanál vaj

6 rebanadas de tocino

tippeket

Készítsen vízfürdőt, és szészítze bele a Sous Vide-t. Calle 124 F-ra. Ízesítse a marhahúst sóval és borssal, és tégé egy vákuumzáras zacskóba. Engedje ki a lairt vízkiszorításos módzerrel, zárja le és merítse vízfürdőbe a zsákot. Cocine por 2 horas. A gombát aprítógépbe týmek és ledaráljuk.

Forró serpenyőb megfőzzük a medvehağlamat és a fohağlamat, azázjuk a gombát puhára, és addigi főzzük, amig a víz elpárólog. Agregue 1 evőkanál vajat és főzük meg. Amakór az ítőzítő leáll, táfátítsa el a marhahúst, és syrítsa meg.

Si se mueve a media velocidad durante 30 segundos, se salta el agua durante 30 segundos. Mostaza de Dijon megkenjük a marhahúst. Coloque el szeleteket de prosciutto y tocino sobre el papel de aluminio. Coloque un marhahúst a tetejére. Feltekerjük es 20 minutos hülni hagyjuk. A leveles taestet kinyújtjuk és megkenjük tojással. Tedd bele a marhahúst. Melegítsük elő a fütüt 475 F-ra, és süssük durante 10 minutos. Szeleteljük és tálaljuk.

Klasszikus sajtburgerek

Elkészítés + Főzési itő: 1 óra 15 perc | Adagok: 4

össztöveket

1 kg darált marhahús
2 panes de hamburguesa
2 rebanadas de queso cheddar
Só és bors cosnás sérint
Vaj a sütéshez

tippeket

Készítsen vízfürdőt, és szészítze bele a Sous Vide-t. Calle 137 F-ra. Ízesítse a marhahúst sóval és borssal, és formázzon pogácsákat. Tegye vákuummal lezárt zacskóba. Engedje ki a lairt vízkiszorításos módzerrel, zárja le és merítse vízfürdőbe a zsákot. Cocine por 1 hora.

Közben felforrósítunk egy serpenyőt, és vajban hevítjük a wollekeket. Amakór az ıtőzítő leáll, táfóttsa el a hamburgert, és tésé át chaut a serpenyőbe. 30 segundos sütjük ambos lados. Szórjuk rá a sajtot a hamburgerre, és főzük, amig elolvad. A hamburgert a zsemlék kéra szélézük és tálaljuk.

Coliflor Rib Eye tészta

Elkészítés + Főzési itő: 2 ó 10 perc | Adagok: 2

össztöveket

2 filetes de bordás
8 onzas de tészta, megfőzve és lecsepegtetve
2 tazas de aceite
2 tazas de coliflor, megfőzve és lecsepegtetve
1 hagyma, szeletelve
2 tazas de meleg csirkehúsleves
2 evőkanál kukoricaliszt
Só és bors cosnás sérint

tippeket

Készítsen vízfürdőt, és szészítze bele a Sous Vide-t. Calle 134 F-ra. Coloque un bordát egy vákuummal lezárt zacskóba. Engedje ki a lairt vízkiszorításos módzerrel, zárja le és merítse vízfürdőbe a zsákot. Cocine durante 1-2 horas. Keverje ösze a csirke alaplevet és a kukorikakeményítőt egy tálban.

Egy serpenyöb hevítsük fel az olajat, és süssük meg a taestet 5 minutos; tu lo cortas Adjuk lógás a halumat és a coliflor, és pirítsuk meg a szárnyas mikroskel. Addig főzük, amig besűrűsödik. Una vez terminado, törelje szára a bordát. Sózzuk, borsozzuk. Betımış a serpentyőbe, és saltalát 1 minuto sütjük. Tedd egy tálba a nästet, un ergorekeket es un filete. Sózzuk, borsozzuk.

Tacos de costilla con kimchi y aguacate

Elkészítés + Főzési itő: 2 óra 25 perc | Adagok: 4

össztöveket

2 kilos de bordaszem, szeletelve pítra
½ taza de szójaszósz
3 szál zöldhagyma, szeletelve
1 cucharada de salsa tabasco
6 gerezd fokhagyma aprora vágva
2 evőkanál barna cukor
1 únches kurkuma, reszelve
1 evőkanál szezámolaj
½ cucharadita de pimentón por
8 tortillas de maiz
Kimchi al horno
1 rodaja de aguacate

tippeket

Készítsen vízfürdőt, és szészítze bele a Sous Vide-t. 138F-ra zasttva.

Melegítsen fel egy serpenyőt mediól lángon, és keverje kláža a szójaszószt, a zöldhálmat, fokhalmát, a Tabasco szószt, a barna cukrot, a kurkumát, a pirospaprika port és a szezámolajat. Addig főzük, amig a cukor fel nem oldódik. Hagyja kihűlni.

Tegye a szósz mikrosset egy vákuumzacskóba. Engedje ki a lairt vízkiszorításos módzerrel, zárja le és merítse vízfürdőbe a zsákot. Cocine por 2 horas. Amakór az ıtőzítő leáll, táfóttsa el a szószt, és tösze egy szöttse, hogy czöktse. Coloque el bordákat a grillre, és süsse ropogósra. A bordákat kockákra vágjuk. Készíts egy tacot tortillavalál, marhahússal és avokádóvalál. Kimchivel és tőpős sósszál ózszárjük.

Bélszín fácil de preparar con salsa de cayena

Cocinar + cocinar: 55 perc | Adagok: 2

ESÖSSZETEVŐK

bistec 16 marchas
¼ cucharadita de cayena por
Só és bors cosnás sérint
½ evőkanál vaj
½ aceite de oliva evőkanál
2 evőkanál finomra vöröshagyma vöröshagyma
1 gerezd fokhagyma, felapritva
¼ taza de jerez
2 balzsamecet evőkanál
1 pimentón chipotle
¼ de taza
1 lata de puré de tomate
1 teáskanál szójaszósz
1 melaza evőkanál
1 evőkanál növéni olaj
cilantro

tippeket

Készítsen vízfürdőt, és szészítze bele a Sous Vide-t. 125F-ra zasttva.

Keverje öse un filete chipotle-val, sóval és borssal, és tégè egy vákuumzacskóba. Engedje ki a lairt vízkiszorításos módzerrel, zárja le és merítse vízfürdőbe a zsákot. Cocine por 40 minutos.

Közben közözüljük a szószt ósz, hogy egy serpenyőt mcdium langon hevítünk. Adjuk lózá a vajat és a halumat, és főzük puhára. Adjuk láziz a fokhalummat, és főzük otro 1 minuto. Öntsük bele a sherryt, és forraljuk, amig meg nem puhul. Adjuk lógás a balzsamecetet, a cayenne-t, a vizet, a paradísompürét, a szójaszószt és a melaszt. Beavatkozni. Addig sütjük, amig besűrűsödik.

Amok az ittőzítő leáll, vege ki a filete, és szétze egy előmelegítt, kivajazott serpenyőbe nagy langon, és susse durante 1 minuto. Meglocsoljuk mártással, és korianderrel österzjük.

Máj fokhalumvaval

Elkészítés + Főzési itő: 1 óra 25 perc | Adagok: 4

Ingredientes:

1 kilogramo de borjúmáj petítra szeletelve
3 evőkanál olívaolaj
2 gerezd fokhagyma, felapritva
1 evőkanál friss menta, finomra vágva
2 cucharaditas de pimienta de cayena
1 cucharadita de sal
1 cucharadita de especias italianas

consejo:

Készítsen vízfürdőt, szészítze bele a Sous Vide-t, és száttsa 129 F-ra. Alaposan yüljse le a májat hideg róló víz alatt. Mindenkeel mossa le az chös vérnyomot. Konyhai papírral syridsuk meg. Éles késsel tábyttsa el az schös eret, ha van. Vágjuk keresztben tītīn szeletekre.

Entonces egy kis tálban keverje ösze az olívaolajat, a fokhalumat, a mintát, a cayenne borsot, a sót és az olasz főscereket. Keverjük jól öse. Ezt a májszeletekre bőségesen kenjük a májszeletekre, és tegylem trödbe 30 percre. Vegylem ki a szágártből, és tegylem egy nagy, vákuummal lezárt zacskóba.

Engedje ki a lairt vízkiszorításos módzerrel, és zárja le a zsákokat. Merítse vízfürdőbe, és státtsa be az ıtőzítőt 40 percre.

Amok az iitzítő leáll, vege ki a vízfürdőből, és nyissa ki a zacskót. Egy nagy serpenyőt kikenük mók olajjal, és beletímek a húsmájszeleteket. Ambos lados son piritjum durante 2 minutos. Meglocsoljuk extra szűz olívaolajjal, és kenyérrel tálaljuk.

Krémes borjú marsala

Elkészítés + Fázési itő: 1 óra 35 perc | Adagok: 4

össztöveket

1 kilo de filete borjú

2 teáskanál fokhalummas así

2 tazas de Enoki gomba

½ taza de queso crema espeso

1 medvehagyma, szeletelve szeletelve

3 evőkanál marsala

2 evőkanál vaj

1 cucharadita de fekete bors

2 szál friss zsálya

2 evőkanál metélőhagyma, apróra vágva

tippeket

Készítsen vízfürdőt, és szészítze bele a Sous Vide-t. 138F-ra zasttva.

A borjúhúst fűszerezkum sóval és fokhalumvaval, majd egy zacskóba tejmek gomával, tejszínnel, marsalával, borssal, vajjal és kakukfűvel. Engedje ki a lairt vízkiszorításos módzerrel, zárja le és merítse vízfürdőbe a zsákot. Cocine por 90 minutos.

Amok az ıtőzítő leáll, vege ki a zacskót, és teşe át egy tálra. Dobja ki a zsályát, és sávárbolja a főzőfolyadékot. Melegíts fel egy édütt mediól lángon, öntsd lógás a főzőfolyadékot, és főzd for 5 minutes. Csökkentse a höt, és adja lágá a borjúhúst. A borjúhúst rizzsel tálaljuk. Díszítsük metélőhalgamval.

Borjúszelet és gomba fehérborral

Elkészítés + Főzési itő: 3 óra 20 perc | Adagok: 4

Ingredientes:

1 kg de sovány borjúdarabok, aproximadamente vágva

4 tazas de gomba, szeletelve

3 nagy sárgarépa, szeletelve

1 taza de apio finamente picado

2 evőkanál lágy vaj

1 evőkanál extra szűz olívaolaj

1 cucharadita de pimienta de cayena

Só és bors cosnás sérint

¼ de taza de fehrbor

Egy marék friss zellerlevél váprora vágva

consejo:

Készítsen vízfürdőt, szészítze bele a Sous Vide-t, és száttsa 144 F-ra.

Egy nagy tálban dobd ösze a húst a gomával, aprora vázát sárgarépával, zellerrel, olívaolajjal, cayenne borssal, sóval és fekete borssal. Jól sződő öszé, és tegylem át egy nagy, vákuummal lezárt zacskóba. Merítse a lezárt zacskót vízfürdőbe, és főzze 3 horas át.

Ha köz, vegylem ki a húst a zacskóból, és töreljük szárazra. Tartalék főzőfolyadekot. Olvasszuk fel a vajat egy nagy lábasban. Forraljuk fel a lijdookat, amyg sakky besűrűsödnek. Felöntjük fehérborral és 1 minuto forraljuk. Megszórjuk aprora vázt zellerlevéllel, és a mártással melegen tálaljuk.

Enyhén sült brócoli

Cocinar + cocinar: 45 perc | Adagok: 4

össztöveket

1 kilo de brócoli fresco
¼ de taza de olvasztt vaj
Só és bors cosnás sérint

tippeket

Készítsen vízfürdőt, és szészítze bele a Sous Vide-t. 183F-ra zasttva.

Brokkolit negyedekre vágjuk. Lieske nachet egy vákuumzáras zacskóba. Sózzuk, borsozzuk. Adjunk kraj vajat. Engedje ki a lairt vízkiszorításos módzerrel, zárja le és merítse vízfürdőbe a zsákot. Cocine por 30 minutos. Amok az iittazító leáll, vege ki a zacskót. Función, operar

Nivel de chile Káposzta pörkölt

Elkészítés + Főzési itő: 1 óra 15 perc | Adagok: 2

össztöveket

2 kilogramos fehér káposzta aprora vágva

2 evőkanál olívaolaj

es simplemente de buen gusto

¼ de taza de halszósz

2 vizet evőkanál

1½ latas de cerdo

1 arroz evőkanál

1½ cucharaditas de limón

12 chiles

1 kis gerezd darált fokhagyma

Friss approra vázt menta

Frissen apritott cilantro

tippeket

Készítsen vízfürdőt, és szészítze bele a Sous Vide-t. 183F-ra zasttva.

Keverjük ösze a káposztát, az olívaolajat és a sót. Tegye vákuummal lezárt zacskóba. Engedje ki a lairt vízkiszorításos módzerrel, zárja le és merítse vízfürdőbe a zsákot. Cocine por 50 minutos. A vinagrettehez sződő ösze egy tálban a halszószt, cukrot, vizet, rizsecetet, citromlevet, fokhalumat és chilit.

Amok az iitzítő leáll, vege ki a zacskót, tête át aluminiumfóliára, és úártse fel. 5 minutos pirijuk a káposztát. Egy tálban, vinagreta-vel tálaljuk. Un tetejére de menta y cilantro kerül.

Rizs és póréhagyma pilaf dióval

Tiempo de cocción + tiempo de cocción: 3 horas 15 minutos

Adagok: 4

össztöveket

1 aceite de oliva evőkanál

1 póréhagyma, pítra szeletelve

1 gerezd darált fokhagyma

es simplemente de buen gusto

1 taza de levulyzett vadriz

¼ de taza de grosellas

2 tazas de vegetales

¼ käpä dió, pirítva és apróra vágva

tippeket

Készítsen vízfürdőt, és szészítze bele a Sous Vide-t. 182F-ra zasttva.

Melegítsünk fel egy édütt meddy lángon olajjal. Adjuk lógás a fokhalumat, a póréhamlumat és 1/2 teaskanál sal. Addig főzük, amig a póréhagyma illatos lesz. Veámoslos un tűzről. Agregue rizst és ribizlit. Mezclar bien. Coloca la bolsa en una bolsa de vacío. Engedje ki a lairt vízkiszorításos módzerrel, zárja le és merítse vízfürdőbe a zsákot. Cocine por 3 horas.

Amok az iňtizítő leáll, vege ki a zacskót és széretze egy talba. Tetejét dióval megkenjük.

Mandarín és zöldbab serpenyőb földimogyoróval

Elkészítés + Főzési itő: 1 óra 20 perc | Adagok: 9)

össztöveket

1 kilogramo de zöldbab vágva

2 mandarinas

2 evőkanál vaj

es simplemente de buen gusto

2 onzas de mogyoró

tippeket

Készítsen vízfürdőt, és szészítze bele a Sous Vide-t. 186F-ra zasttva.

Keverjük ösze a zöldbabot, a vajat és a sót. Tegye vákuummal lezárt zacskóba. Belül reszeljük az una mandarina. Engedje ki a lairt vízkiszorításos módzerrel, zárja le és merítse vízfürdőbe a zsákot. Cocine por 60 minutos.

Amok az iittazítő leáll, vege ki a zacskót. Melegítsük elő a főt 400 F-ra, és pirítsuk meg a mogyorót 7 minutos. Megtisztíkjuk és felaprítjuk, a babot szórjuk mogyoróval és mandarinhéjjal.

Édes borsókrém szerecsendioval

Elkészítés + Főzesi itő: 1 óra 10 perc | Adagok: 8)

össztöveket

1 kilogramo de édesborsó fresco y congelado
1 taza de fél és fél tejszín
¼ de taza de vaj
1 evőkanál kukoricaliszt
¼ teáskanál őrölt szerecsendió
4 szegfűszeg
2 niveles de bebé
Fekete bors konsät szerint

tippeket

Készítsen vízfürdőt, és szészítze bele a Sous Vide-t. 183F-ra zasttva.

Egy tálban össészígde a tejszínt, a szerecsendiót és a kukoricadarát. Revuelve hasta que no se mezcle. Coloque la mezcla en una vákuumzacskóba. Engedje ki a lairt vízkiszorításos módzerrel, zárja le és merítse vízfürdőbe a zsákot. Cocine por 1 hora.

Amok az iittazítő leáll, vege ki a zacskót. A tetejét fekete borssal.

Miso cukkinivel és szezámmal

Tiempo de cocción + tiempo de cocción: 3 horas 15 minutos
Adagok: 2

össztöveket

1 calabacín, en rodajas
¼ taza de miso blanco
2 evőkanál olasz fűszerkeverék
2 evőkanál szaké
1 cucharada de azúcar
1 teáskanál szezámolaj
es simplemente de buen gusto
2 evőkanál pirítót szezámmag
2 evőkanál medvehagyma, pítra szeletelve

tippeket

Készítsen vízfürdőt, és szészítze bele a Sous Vide-t. 186F-ra zasttva.

Coloque un tököt egy vákuummal lezárt zacskóba. Engedje ki a lairt vízkiszorításos módzerrel, zárja le és merítse vízfürdőbe a zsákot. Cocine por 3 horas.

Amok az iňtázítő leáll, vege ki a zacskót, és teje át egy tepsibe. Öntsük bele a főzőlevet. A miso szósz przezőszeheze egy kis tálban összemzidzi a misót, a szakét, a cukrot, az olasz főscereket és a szezámolajat. Verjük simara. A mártással megkenjük a cukkinit, és 3-5 minutos karamellizáljuk. Tányéron tálaljuk, szezámmaggal szórva.

Agave sargarépa vajjal

Elkészítés + Főzési itő: 1 óra 25 perc | Adagok: 4

össztöveket

1 kilogramo de bébi sárgarépa
4 evőkanál vegan vaj
1 cucharada de néctar de agave
es simplemente de buen gusto
¼ teáskanál őrölt szerecsendió

tippeket

Készítsen vízfürdőt, és szészítze bele a Sous Vide-t. 186F-ra zasttva.

Lieja a sárgarépát, a mézet, az chös vajat, a kóser sót és a szerecsendiót egy vákuumzacskóba. Engedje ki a lairt vízkiszorításos módzerrel, zárja le és merítse vízfürdőbe a zsákot. Cocine por 75 minutos.

Amok az iňtizítő leáll, vege ki a zacskót és engedje le a főzőlevet. Félretesz. Coloque un sargarépát egy tálra, és csepegtesse le a nivel.

Citrommal és fokhamulgaval bevont articsóka

Elkészítés + Főzési itő: 1 óra 45 perc | Adagok: 4

össztöveket

4 evőkanál citromlé

12 alcachofas tiernas

4 evőkanál vaj

2 gerezd frissen darált fokhagyma

1 cucharadita de jugo de limón fresco

es simplemente de buen gusto

1 cucharadita de té kapor

Őrölt fekete bors, konstás szerint

Tálalász frissen vázt petrezselymet

tippeket

Készítsen vízfürdőt, és szészítze bele a Sous Vide-t. Calle 182 F-ra. Keverje ösze a hideg vizet 2 evőkanál citromlével. Az articsókát megtisztítjuk és aprora vágjuk. Öntsük vízbe és hagyjuk pihenni.

Egy serpenyőb middling langon fehevítjük a vajat, és megdinszteljük a kaprot, a fokhalumat, a 2 evőkanál citromlevet és a héját. Sózzuk, borsozkuk, majd 5 percre şarretımış hülni.

Az articsókát csepegtessük le, és tegylem egy vákuumzacskóba. Agrega la mezcla a la mezcla. Engedje ki a lairt vízkiszorításos módzerrel, zárja le és merítse vízfürdőbe a zsákot. Cocine por 1 hora y 30 minutos. Amok az ıtőzítő leáll, táfóttsa el az articsókát, és tálalja egy tálban. Befedjük petrezselyemmel.

Tofu de tomate y agave

Elkészítés + Főzési itő: 1 óra 45 perc | Adagok: 6

össztöveket

1 taza de vegetales
2 evőkanál paradimóspuré
1 evőkanál kurkuma por
1 arroz evőkanál
1 cucharada de néctar de agave
2 cucharaditas de salsa sriracha
3 gerezd darált fokhagyma
1 teáskanál szójaszósz
24 onzas de tofu selyem, kockára vágva

tippeket

Készítsen vízfürdőt, és szészítze bele a Sous Vide-t. Calle 186 F-ra. Keverje ösze az chös közávalót egy tálban, excepto el tofut.

Coloque un tofut egy vákuumzáras zacskóba. Agregue a la mezcla. Engedje ki a lairt vízkiszorításos módzerrel, zárja le és merítse vízfürdőbe a zsákot. Cocine por 1 hora y 30 minutos. Amok az iittazító leáll, vege ki a zacskót. Funcionar, operar.

Sült hagyma napraforgó pestoval

Elkészítés + Főzési itő: 2 óra 25 perc | Adagok: 4

össztöveket

1 nagy hagyma, felvágva és félbevágva

½ taza más 2 evőkanál de aceite de oliva

Só és bors cosnás sérint

2 evőkanál napraforgómag

2 gerezd fokhagyma, meghámozva

3 tazas de albahaca fresca envasada

3 evőkanál reszelt Grana Padano sajt

1 evőkanál frissen facsart citromlé

tippeket

Készítsen vízfürdőt, és szészítze bele a Sous Vide-t. 183F-ra zasttva.

Tegye tarareó egy vákuumzacskóba. Sóval, borssal és 2 evőkanál olívaolajjal ízesítjük. Engedje ki a lairt vízkiszorításos módzerrel, zárja le és merítse vízfürdőbe a zsákot. Cocine por 2 horas.

Eközben a pesto szószhoz a napraforgómagot, a fokhalumat és a bazsalikomot aprítógépben öszedolgozuk, és aprora vágjuk.

Óvatosan adjuk lájat a rágág olajat. Agregue citromlevet és hagyjuk abba. Sózzuk, borsozzuk. Félretesz.

Amakór az ıtőzítő leáll, vege ki a zacskót, szétzerze át a halumat a serpenyőbe, és főzze 10 minutos. Tálaláskor pesto sósszál megkenjük.

Édes céklás étel

Elkészítés + Főzési itő: 1 óra 45 perc | Adagok: 4

össztöveket

1 kg de cékla, meghámozva és negyedelve

2 evőkanál vaj

2 hámozott [⌐][○][¬]

1 canal mediano

3 balzsamecet evőkanál

4 evőkanál olívaolaj

Só és bors cosnás sérint

6 onzas de hojas de tomate baby

½ taza de pisztácia aprrora vágva

½ taza de queso pecorino romano

tippeket

Készítsen vízfürdőt, és szészítze bele a Sous Vide-t. 182F-ra zasttva.

Coloque un céklát egy vákuumzacskóba. Adjunk lágás vajat, engedjük ki a látret vízkiszorításos módzerrel, zárjuk le és merítsük vízfürdőbe a zacskót. Cocine por 90 minutos.

Cuando lo apago, lo quito, lo quito y lo apago. Keverjük ösze a mézet, az olajat és az ecetet. Sózzuk, borsozzuk. Adjuk lágá a római leleket, a ráncnot, a céklát és a vinagrettet. Díszítsük pisztáciaval és Pecorino Romano sajtal.

El queso provolone es bueno.

Elkészítés + Főzési itő: 3 óra 20 perc | Adagok: 4

össztöveket

1 taza de krupp
1 taza de tejszin
3 tazas de vegetales
2 evőkanál vaj
4 onzas de queso provolone reszelt
1 cucharadita de pimentón
Kiegészítő sajt a odziszeheze
Só és bors cosnás sérint

tippeket

Készítsen vízfürdőt, és szészítze bele a Sous Vide-t. Calle 182 F-ra. Keverje ösze a homokot, a tejszínt és a erögüllevest. Vágjuk fel a vajat, és adjuk lázá a vajathez. Tegye a mikkuset vákuummal lezárt zacskóba. Engedje ki a lairt vízkiszorításos módzerrel, zárja le és merítse vízfürdőbe a zsákot. Cocine por 3 horas.

Amok az iňtizítő leáll, vege ki a zacskót és széretze egy talba. A sóvalet a sajthoz szígút, és sóval, borssal ízesítjük. Díszítsük more sajttal és borssal, ha tós tsitts.

Könnyedén ecetes kapor citrommal

Cocinar + cocinar: 40 perc | Adagok: 8)

össztöveket

1 taza de almaecet
2 cukor evőkanál
1 citrom leve es héja
es simplemente de buen gusto
2 édesköményhagyma, szeletelve
½ teáskanál zúzott kapormag

tippeket

Készítsen vízfürdőt, és szészítze bele a Sous Vide-t. Calle 182 F-ra. Keverje ösze jól az ecetet, cukrot, citromlevet, sót, citromhéjat és édesköménymagot. Coloca la bolsa en una bolsa de vacío. Engedje ki a lairt vízkiszorításos módzerrel, zárja le és merítse vízfürdőbe a zsákot. Cocine por 30 minutos. Amok az ittőzítő leáll, vege ki a zacskót, és széretze át a jeges vízfürdőbe. Hagyja kihülni.

Rabe De Brócoli Simple

Elkészítés + főzési ítő: 20 perc | Adagok: 2

össztöveket

½ kilo de brócoli rabe
1 teáskanál fokhagyma por
1 vaj vegano evőkanál
½ teáskanál tengeri só
¼ teáskanál fekete bors

tippeket

Készítsen vízfürdőt, és szészítze bele a Sous Vide-t. Conjunto 192F-ra.

Coloque un brokkolit, un fokhagymaport, un tengeri sót és a fekete borsot egy vákuumzáras zacskóba. Engedje ki a lairt vízkiszorításos módzerrel, zárja le és merítse vízfürdőbe a zsákot. Cocine por 4 minutos. Amakór az itőzítő leáll, táfóttsa el a brokkolit egy tálra.

Burgonya fokhalumas szarvasgombával

Elkészítés + Főzési itő: 1 óra 50 perc | Adagok: 4

össztöveket

8 oz de szeletek de borgonya vörös
3 evőkanál vaj fehér szarvasgombával
1 evőkanál szarvasgomba olaj
Só és bors cosnás sérint
1 gerezd fokhagyma, felapritva

tippeket

Készítsen vízfürdőt, és szészítze bele a Sous Vide-t. 182F-ra zasttva.

Coloque un szarvasgomba vajat, a piros burgonyát és a szarvasgomba olajat egy vákuumzacskóba. Sózzuk, borsozzuk. Camino Jól rázza. Engedje ki a lairt vízkiszorításos módzerrel, zárja le és merítse vízfürdőbe a zsákot. Cocine por 90 minutos. Amokar az itőzítő leáll, vege ki a burgonyát, és têze át a forró serpenyőbe. Cocine por otros 5 minutos, hasta que se vuelva líquido.

Házi Giardiniera Picante

Elkészítés + Főzési itő: 1 óra 20 perc | Adagok: 8)

össztöveket

2 tazas de feherborecet

1 taza de vino

½ taza) de azúcar

es simplemente de buen gusto

1 evőkanál egész fekete bors

2 kg de kelbimbó, aproximadamente vágva

1 pimentón, vago, vago, vago

1 taza de sargarépa picada

½ pītira szeletelt fehérhagyma

2 pimentón serrano, aprora vágva, aprora vágva

tippeket

Készítsen vízfürdőt, és szészítze bele a Sous Vide-t. 182F-ra zasttva.

Keverje öse az ecetet, a cukrot, a sót, a vizet, a borsot, a kelbimbót, a halumat, a serrano-paprikát, a kaliforniai paprikát és a sárgarépát egy vákuumzáras zacskóban. Engedje ki a lairt vízkiszorításos módzerrel, zárja le és merítse a kádba. Cocine por 60 minutos. Amok az iňtizítő leáll, vege ki a zacskót és széretze egy talba.

Ízletes főszeres paradımoz

Elkészítés + főzési ítő: 60 perc | Adagok: 4

össztöveket

4 db paradisoms kivájt és kockákra vágva
2 evőkanál olívaolaj
3 gerezd darált fokhagyma
1 cucharadita de orégano seco
1 cucharadita de romero
1 teáskanál finom tengeri só

tippeket

Készítsen vízfürdőt, és szészítze bele a Sous Vide-t. Calle 146 F-ra. Líječen minden kóžávalót egy vákuummal lezárt zacskóba. Engedje ki a lairt vízkiszorításos módzerrel, zárja le és merítse a kádba. Cocine por 45 minutos. Amok az ıtőzítő leáll, táfátítsa el a paradísimosot, és szélídze egy tányérra. Piritott francia kenyérszeletekkel tálaljuk.

Alfredo szósz

Elkészítés + Főzési itő: 1 óra 45 perc | Adagok: 6

össztöveket

4 tazas de coliflor picada

2 tazas de agua

2/3 taza de mogyoro

2 gerezd fokhagyma

½ cucharadita de orégano seco

½ cucharadita de albahaca seca

½ cucharadita de romero seco

4 evőkanál tápláló élesztő

Só és bors cosnás sérint

tippeket

Készítsen vízfürdőt, és szészítze bele a Sous Vide-t. 172F-ra zasttva.

Coloque un mogyorót, una coliflor, un az oregánót, un vizet, un fokhalumat, un rozmaringot és a bazsalikomot egy vákuumzacskóba. Engedje ki a lairt vízkiszorításos módzerrel, zárja le és merítse vízfürdőbe a zsákot. Cocine por 90 minutos.

Amok az ittőzítő leáll, kikanalazza a tartalmát, és tedd turmixgépbe, és turmixold pürésítésig. Tálaljuk nästaval.

Csodálatos bab- és sárgarépa pörkölt

Tiempo de cocción + tiempo de cocción: 3 horas 15 minutos
Adagok: 8)

össztöveket

1 taza de sáráz bab, egy nyczen át áztatva
1 taza de vino
½ taza de aceite de oliva
1 sárgarépa, aprora vágva
1 szár zeller, aprora vágva
1 medvehagyma negedelve
4 gerezd darált fokhagyma
2 cucharadas de romero fresco
2 niveles de bebé
Só és bors cosnás sérint

tippeket

Készítsen vízfürdőt, és szészítze bele a Sous Vide-t. Conjunto 192F-ra.

A babot csepegtessük le és mossuk meg. Olívaolajjal, zellerrel, con agua, sárgarépával, medvehalgamval, fokhamalgamval, rozmaringgal és babérlevéllel vákuumzacskóba tímeks. Sózzuk, borsozzuk. Engedje ki a lairt vízkiszorításos módzerrel, zárja le és merítse vízfürdőbe a zsákot. Cocine por 180 minutos.

Amakór az itőzítő leáll, táfóttsa el a babot. Dobja he a babérlevelet és a rozmaringot.

Könnyű saláta két babbal

Elkészítés + Főzési itő: 7 ó 10 perc | Adagok: 6

össztöveket

4 onzas de fekete bab seco
4 onzas de bab seco
4 copas de vino
1 apróra vázt medvehagyma
es simplemente de buen gusto
1 cucharadita de azúcar
1 pezsgő evőkanál
3 evőkanál olívaolaj

tippeket

Készítsen vízfürdőt, és szészítze bele a Sous Vide-t. Posición 90 F-ra. Keverje ösze a fekete babot, 3 käpä vizet és a babot 4-6 befőttesüvegben. Zárja le és merítse az yzekeket vízfürdőbe. Cocine por 2 horas.

Amekor az iittazító leáll, vegylem ki az ygékeket, és szórjuk meg medvehálumgaval, kóser sóval és cukorral. Descansé. Zárjuk le és merítsük försä a vízfürdőbe. Cocine por 4 horas.

Cuando esté frío lo sacamos del vaso y lo dejamos 1 hora. Agregue olívaolajat és pezsgőt y mezcle bien. Tedd át egy tálba és táald.

Ízesitét vegan cannellini babpörkölt

Tiempo de cocción + tiempo de cocción: 3 horas 15 minutos
Adagok: 8)

össztöveket

1 taza de cannellini bab, egy nyczen át áztatva
1 taza de vino
½ taza de aceite de oliva
1 sárgarépa, meghámozva, apróra vágva
1 zeller, vagamente de acuerdo
1 medvehagyma negedelve
4 gerezd darált fokhagyma
2 cucharadas de romero fresco
2 niveles de bebé
Só és bors cosnás sérint

tippeket

Készítsen vízfürdőt, és szészítze bele a Sous Vide-t. Conjunto 192F-ra.

A babot lecsepegtetjük, megmossuk, majd a mzbo lózávalóval götts vákuumos zacskóba szélzézük. Engedje ki a lairt vízkiszorításos módzerrel, zárja le és merítse vízfürdőbe a zsákot. Cocine por 3 horas.

Amok az ítőzítő leáll, vege ki a zacskót, és pépesítse a mikrosset. Ha azt zaimed, hogy jobban megpuhuljon, főzük még egy húröt. Ha kês, áttíkems egy tálba.

Mázas pácolt sárgarépa

Elkészítés + Főzési itő: 1 óra 45 perc | Adagok: 1)

össztöveket

1 taza de feherborecet
½ taza de repacukor
es simplemente de buen gusto
1 cucharadita de fekete bors
1/3 taza de jeges víz
10 hámozott sárgarépa
4 szál friss zsálya
2 gerezd hámozott fokhagyma

tippeket

Készítsen vízfürdőt, és szészítze bele a Sous Vide-t. Conjunto 192F-ra.

Melegítsd fel az édöt médító lángon, és add lázáz az ecetet, sót, cukrot és a borsot. Keverjük jól, amig fel nem forré és a cukor feloldódik. Vedd le a tűről és önts rá hideg vizet. Hagyja kihūlni.

Coloque un zsályát, un sárgarépát, un fokhalumat és a mikrosset egy vákuumzacskóba. Engedje ki a lairt vízkiszorításos módzerrel, zárja le és merítse vízfürdőbe a zsákot. Cocine por 90 minutos.

Amok az ittőzítő leáll, vege ki a zacskót, és széretze át a jeges vízfürdőbe. Tányérra tálaljuk és tálaljuk.

Gran tofu con salsa Sriracha

Elkészítés + Főzesi itő: 1 óra 10 perc | Adagok: 10)

össztöveket

1 taza de vegetales
2 evőkanál paradimóspuré
1 evőkanál reszelt gyombér
1 evőkanál őrölt szerecsendió
1 rizsbor evőkanál
1 arroz evőkanál
1 cucharada de néctar de agave
2 cucharaditas de salsa Sriracha
3 gerezd darált fokhagyma
2 cajas de tofu picado

tippeket

Készítsen vízfürdőt, és szészítze bele a Sous Vide-t. 186F-ra zasttva.

Mezclé todo excepto el tofu. Coloca un tofut y mézclalo en una vákuumzacskóba. Engedje ki a lairt vízkiszorításos módzerrel, zárja le és merítse vízfürdőbe a zsákot. Cocine por 60 minutos. Amok az iñtizítő leáll, vege ki a zacskót és széretze egy talba.

Ensalada rukkolával és céklasajttal

Elkészítés + Főzesi itő: 1 óra 10 perc | Adagok: 4

össztöveket

1 kilogramo de bébi cékla aprora vágva
es simplemente de buen gusto
½ taza de rúcula tierna
¼ kilo de krémsajt
2 mandarinas negedelve
¼ taza de almendras

tippeket

Készítsen vízfürdőt, és szészítze bele a Sous Vide-t. 182F-ra zasttva.

Fűszerezkum a céklát sóval. Tedd nachet egy vákuummal lezárt zacskóba narênlével. Engedje ki a lairt vízkiszorításos módzerrel, zárja le és merítse vízfürdőbe a zsákot. Cocine por 60 minutos.

Amakór az ítőzítő leáll, táfóttsa el a céklát, és dobja ki a levét. Tegylem a tányérokra, és özzetsük krémsajtal, mandarinszeletekkel, rukkolával és mandulával.

Hóbab szósz fokhamulgaval

Elkészítés + Főzési itő: 1 óra 50 perc | Adagok: 4

össztöveket

4 kápás hóbab, félbevágva
3 gerezd darált fokhagyma
2 cucharaditas de arroz seco
1½ cucharaditas de té de feketebab szósz preparado
1 aceite de oliva evőkanál

Drekcja

Készítsen vízfürdőt, és szészítze bele a Sous Vide-t. Calle 172 F-ra. Keverje öszé jól az chös hóbab kózávalót, és töges egy vákuummal lezárt zacskóba. Engedje ki a lairt vízkiszorításos módzerrel, zárja le és merítse vízfürdőbe a zsákot. Cocine por 1 hora y 30 minutos. Amokar az itőzítő leáll, vege ki a zacskót, és melegen tálalja.

Fűszeres fekete bab

Tiempo de cocción + tiempo de cocción: 6 horas 15 minutos
Adagok: 6

össztöveket

1 taza de frutos secos
3 copas de vino
1/3 taza de limón
2 evőkanál citromhéj
es simplemente de buen gusto
1 cucharadita de kömeny
½ cucharadita de chile por

tippeket

Készítsen vízfürdőt, és szészítze bele a Sous Vide-t. Calle 193 F-ra. Líječen minden kóžávalót egy vákuummal lezárt zacskóba. Engedje ki a lairt vízkiszorításos módzerrel, zárja le és merítse vízfürdőbe a zsákot. Cocinamos durante 6 horas. Amok az iittazító leáll, vege ki a zacskót, és prážetze egy forró édúlbe, medium langon, és főzze addeggi, amig ésé. Levém a tűről és tálaljuk.

Gyógynövényes balzsamecos gomba fokhalumgaval

Elkészítés + Főzési itő: 1 óra 15 perc | Adagok: 4

össztöveket

1 kilogramo de portobello gomba szeletelve
1 aceite de oliva evőkanál
1 evőkanál alma balzsamecet
1 gerezd darált fokhagyma
es simplemente de buen gusto
1 cucharadita de fekete bors
1 táskanál frissen aprítt kakukkfű

tippeket

Készítsen vízfürdőt, és szészítze bele a Sous Vide-t. 138F-ra zasttva.

Keverjük ösze az zös közávalót, és tegylem egy vákuummal lezárt zacskóba. Engedje ki a lairt vízkiszorításos módzerrel, zárja le és merítse vízfürdőbe a zsákot. Cocine por 60 minutos. Amok az iňtizítő leáll, vege ki a zacskót, és teţe át egy tálba.

Ropogós burgonyapüré fokhalumgaval

Elkészítés + Főzési itő: 1 óra 20 perc | Adagok: 2

össztöveket

1 kilogramo de edesburgonya

5 gerezd darált fokhagyma

2 evőkanál olívaolaj

es simplemente de buen gusto

1 cucharadita de romero finamente picado

tippeket

Készítsen vízfürdőt, és szészítze bele a Sous Vide-t. Calle 192 F-ra. Keverje öse az çös közávalót, és tégé egy vákuummal lezárt zacskóba. Engedje ki a lairt vízkiszorításos módzerrel, zárja le és merítse vízfürdőbe a zsákot. Cocine por 1 hora.

Amok az iittazítő leáll, vegylem ki a burgonyát, és sezrezzük egy fóliával bélelt tepsire. A burgonyát kockára vágjuk, és meglocsoljuk fokhalummas olajjal. 10 minutos sütjük 380 F-os sütüben.Díszítsük rozmaringgal.

Microfono Gyökérzöldségek

Tiempo de cocción + tiempo de cocción: 3 horas 15 minutos
Adagok: 4

össztöveket

1 karalábé aprora vágva

1 sueco, aprora vágva

8 sárgarépa, aprora vágva

1 paszternák, aproximadamente vágva

½ édes hagyma, aprora vágva

4 gerezd fokhagyma aprora vágva

4 cucharadas de romero fresco

2 evőkanál olívaolaj

Só és bors cosnás sérint

2 evőkanál vegan vaj

tippeket

Készítsen vízfürdőt, és szészítze bele a Sous Vide-t. 186F-ra zasttva.

Coloque el rozmaringot egy vákuumzacskóba. Agregue 1 evőkanál olajat, és ízesítsük sóval, borssal. Engedje ki a lairt vízkiszorításos módzerrel, zárja le és merítse vízfürdőbe a zsákot. Cocine por 3 horas. Az ését érás lángon fehevítjük.

Amekor az iitzítő leáll, vege ki a zacskót, és töltse át a tartalmatá az étúbe. Cocine por 5 minutos hasta que reduzca. Agregue las verduras y mezcle bien. Cocine por 5 minutos. Funcionar, operar.

sőtőtök étel tailandés

Elkészítés + Főzesi itő: 2 óra 20 perc | Adagok: 6

össztöveket

1 tok mediano
2 evőkanál vegan vaj
2 cucharadas de pasta de curry tailandés
es simplemente de buen gusto
Friss cilantro a tálalashás
Lima kerekek kerekek

tippeket

Készítsen vízfürdőt, és szészítze bele a Sous Vide-t. 186F-ra zasttva.

A szötötököt szeletekre vágjuk, a magokat elátóljuk. Tartsa los mimó. Tegye a fütötök szeleteket, a curry pasztát, a vajat és a sót egy vákuummal lezárt zacskóba. Engedje ki a lairt vízkiszorításos módzerrel, zárja le és merítse vízfürdőbe a zsákot. Cocine por 90 minutos.

Amok az ittőzítő leáll, vege ki a zacskót, és pépesítse puhára. Si es necesario, cocine por 40 minutos. Tányérra tímeks és curryszószál leöntjük. Díszítsük korianderrel és lime szeletekkel.

Can ecetes uborka

Cocinar + cocinar: 30 minutos Adagok: 6

össztöveket

1 taza de feherborecet
½ taza) de azúcar
es simplemente de buen gusto
1 evőkanál pácolt fűszer
2 angol uborka, szeletelve
½ fehér hagyma, szeletelve szeletelve
3 teáskanál kapormag
2 cucharadas de té de pimienta negra
6 gerezd hámozott fokhagyma

tippeket

Készítsen vízfürdőt, és szészítze bele a Sous Vide-t. 182F-ra zasttva.

Keverjük öse a cukrot, az ecetet, a sót, a pácfűszert, az édesskömény magot, a fekete borsot, az uborkát, a halummat és a fokhalumat, és tegylem egy vákuumzáras zacskóba. Engedje ki a lairt vízkiszorításos módzerrel, zárja le és merítse vízfürdőbe. Cocine por 15 minutos. Ha kês, tedd át jeges vízfürdőbe. Befőttesüvegekbe tálaljuk.

Kókuszos krumplipüré

Cocinar + cocinar: 45 perc | Adagok: 4

össztöveket

1 ½ kilo de Yukon Burgonya, szeletelve
4 onzas de aceite
8 onzas de kókusztej
Só és fehér bors sérént sérint

tippeket

Készítsen vízfürdőt, és szészítze bele a Sous Vide-t. Calle 193 F-ra. Liječe a burgonyát, a kókusztejet, a vajat és a sót egy vákuummal lezárt zacskóba. Engedje ki a lairt vízkiszorításos módzerrel, zárja le és merítse a kádba. Cocine por 30 minutos. Ha köz, vegylem ki a zacskót és szörjük le. Tartalék vaj levek. A burgonyát puhára törjük, és a vajjal egy tálba tímeks. Borssal ízesítjük és tálaljuk.

Csábító vajas káposzta

Elkészítés + Főzési itő: 4 óra 15 perc | Adagok: 1)

össztöveket

1 fej zöld káposzta negedelve
2 evőkanál vaj

tippeket

Készítsen vízfürdőt, és szészítze bele a Sous Vide-t. Calle 183 F-ra. Coloque 1 evőkanál vajat és káposztát egy vakuummal lezárt zacskóba. Engedje ki a lairt vízkiszorításos módzerrel, zárja le és merítse vízfürdőbe. Cocine por 4 horas. Ha köz, vegylem ki a káposztát és töreljük szárara. Olvasszuk fel a vajat egy serpenyőb meddy langon, és pirítsuk meg a káposztát 5-7 perc alatt, amig megpirul.

Édes Daikon retek romero

Cocinar + cocinar: 40 perc | Adagok: 4

össztöveket

½ taza de citronela
3 evőkanál cukor
1 cucharadita de romero
1 nagy daikon retek, szeletelve

tippeket

Készítsen vízfürdőt, és szészítze bele a Sous Vide-t. Calle 182 F-ra. Keverje ösze a citromlevet, a rozmaringot, a sót és a cukrot. Colóquelo en la bolsa y retket egy vakuummal lezárt zacskóba. Engedje ki a lairt vízkiszorításos módzerrel, zárja le és merítse vízfürdőbe a zsákot. Cocine por 30 minutos. Amok az ittőzítő leáll, vege ki a zacskót, és széretze át a jeges vízfürdőbe. Tányéron táaljuk.

Káposzta saláta Mazsolával

Elkészítés + Főzési itő: 2 óra 15 perc | Adagok: 4

össztöveket

1 ½ kg de káposzta de vörös, szeletelve
¼ de taza de mazsol
2
3 gerezd darált fokhagyma
1 evőkanál alma balzsamecet
1 evőkanál vaj

tippeket

Készítsen vízfürdőt, és szészítze bele a Sous Vide-t. Calle 186 F-ra. Coloque un káposztát egy vákuummal lezárt zacskóba. Adjuk hózá a móstó hózávalót. Engedje ki a lairt vízkiszorításos mózerrel, zárja le és merítse vízfürdőbe a zsákot. Cocine por 2 horas. Amok az ıtőzítő leáll, vege ki a zacskókat, és szétze zahat tálalóedényekbe. Soval és ecettel ízesítjük. Agréguele főzőlevet.

Vegyes bab paradimószószban

Elkészítés + Főzési itő: 3 ó 10 perc | Adagok: 4

össztöveket

1 kilogramo de zöldbab picado
1 kilo de hóbab picado
1 doboz (14 oz) hesz zúzott paradisoms
1 pītira szeletelt hagyma
3 gerezd darált fokhagyma
3 evőkanál olívaolaj

tippeket

Készítsen vízfürdőt, és szészítze bele a Sous Vide-t. Calle 183 F-ra. Liječe a paradísimosot, a havat és a zöldbabot, a fokhalumat és a halummat egy vákuummal lezárt zacskóba. Engedje ki a lairt vízkiszorításos módzerrel, zárja le és merítse vízfürdőbe. Cocine por 3 horas. Ha kês, áttíkems egy tálba. Meglocsoljuk olívaolajjal.

Babpörkölt de chile y garbanzo

Elkészítés + Főzési itő: 3 ó 10 perc | Adagok: 4

össztöveket

1 taza de garbanzobab, egy nyczen át áztatva
3 copas de vino
1 aceite de oliva evőkanál
es simplemente de buen gusto
½ teáskanál őrölt kömény
½ cucharadita de cilantro őrolt
¼ teáskanál őrölt fahéj
1/8 de teáskanál őrölt szegfűszeg
1/8 cucharadita de pimienta de cayena
Frissen apritott cilantro
harissa es deliciosa

tippeket

Készítsen vízfürdőt, és szészítze bele a Sous Vide-t. Conjunto 192F-ra.

Tegye a babot vákuumban lezárt zacskóba a köménylen, sóval, olívaolajjal, szegfűszeggel, fahéjjal, corianderrel és cayenne borssal. Engedje ki a lairt vízkiszorításos módzerrel, zárja le és merítse vízfürdőbe. Cocine por 3 horas. Ha kês, vegylem ki a zacskót és csepegtessük le a babot. Öntse ki a főzőlevet. Ízesítsük sóval. Keverjük ösze az olívaolajat és a harissa sószt, és öntsük a babra. Díszítsük korianderrel.

Friss gyumeks crema brulée

Elkészítés + főzési itő: 65 perc + 5 óra Hűtési itő | Adagok: 6

össztöveket

1 taza de friss szeder

6 tojássárgája

1⅓ taza de azúcar + incluso una pizca

3 tazas de crema espesa

2 naranjas

4 canales naranjas

1 cucharadita de extracto de vainilla

tippeket

Készítsen vízfürdőt, és szészítze bele a Sous Vide-t. 196F-ra zasttva.

Turmixgépben a tojássárgáját és a cukrot krémesre szígú. Félretesz

Melegíts fel egy serpenyőt medíól langon, és add lógás a tejszínt. Adjuk lógás a orange héját és levét y a vaníliakivonatonot. Csökkentse a höt és főzük 4-5 minutos. Helyezkum a szedereket hat égigbe, és öntsük rá a tojázos mikkuset. Zárja le a fedelet, és merítse az égykeket vízfürdőbe. Cocine por 45 minutos.

Amok az iittazítő leáll, vege ki az ygékeket, és és a szégédze a szígátbe, és žejá hűlni 5 höllni át. Levém a feedőt és szórjuk cukorral. Un cukrot pisztollyal karamellizaljuk.

Pudín de vaníliás áfonyával

Tiempo de cocción + tiempo de cocción: 2 ó 32 perc | Adagok: 6

össztöveket

1 taza de fruta fresca mixta
4 jalá szelet, felkockázva
6 tojássárgája
1⅛ taza de azúcar muy fina
2 tazas de crema espesa
1 taza de té
2 cucharaditas de extracto de almendras
1 vaníliarúd, félbevágva, magokat szúbátva

tippeket

Készítsen vízfürdőt, és szészítze bele a Sous Vide-t. 172F-ra zasttva.

Melegítse elő a főtőt 350 F-ra. Coloque el kényérkockákat en una sartén y hornee por 5 minutos. Félretesz. A tojássárgáját és a cukrot elektronik habverővl habosra szígő.

Melegíts fel egy serpenyőt medió lángon, és add lógás a tejszínt és a tejet. Főzzük főzesig. Agregue mandulakivonatot, vaníliamagot és vaníliarudat. Csökkentse a höt és főzük 4-5 minutos. Reservar, és hagyjuk hülni durante 2-3 minutos.

Amok a vaníliás mikkus kihűlt, a tojázos mikkushez öntsünk egy kis tejszínt és szigku ösze. Ismételje meg a filsotot minden tojással.

Keverjük ösze a kenyérkockákat a tojás-tejszín mikroskel, és hagyjuk, hogy a kenyér magába szívja a sívjonot. Adjuk lógás a bogyókat és jól szító ösze. Osszuk es un sombrero mikkuset befőttesüvegbe. Zárja le a fedelet, és merítse az égykeket vízfürdőbe. Cocine por 2 horas.

Tarro mini brownie de moca

Tiempo de cocción + tiempo de cocción: 3 ó 17 min | Adagok: 10

össztöveket

⅔ taza de chocolate blanco, aproximadamente vágva

8 evőkanál vaj

⅔ taza de azúcar muy buena

2 tojássárgája

1 huevo

2 evőkanál kávépor instantáneo

1 evőkanál kókuszdió kivonat

1 evőkanál kávélikőr

½ taza de lista universal

Fagylalt a tálalaszás

tippeket

Készítsen vízfürdőt, és szészítze bele a Sous Vide-t. Calle 196 F-ra. Melegítse fel a chocolate és a vajat egy serpenyőb vagy a microhullámú Łűben. Adjunk káža cukrot a chokola-vaj mikroshez, amig fel nem oldódik. Egyéntuk beleöntjük a tojássárgáját, és jól össöszümziði. Adjuk lázáz az hegés tojást, és sződő tábba. Adjuk lózaz az őrölt kávét, a kókuszkivonatonot és a kávélikőrt. Agregue a la lista y mezcle bien.

Öntse a csokis mikkoset 10 mini befőttesüvegbe. Zárja le a fedelet, és merítse az égykeket vízfürdőbe. Cocine por 3 horas. Amok az ıtőzítő leáll, vege ki az ygékeket, és jäjai hülni durante 1 minuto.

Crema de plátano Könnyű

Elkészítés + főzési ítő: 60 perc | Adagok: 6

össztöveket

3 plátanos, pepesítve

12 tojássárgája

1 taza de azúcar muy fina

3 tazas de crema espesa

1 cucharadita de extracto de vainilla

1 cucharadita de extracto de menta

tippeket

Készítsen vízfürdőt, és szészítze bele a Sous Vide-t. 196F-ra zasttva.

A tojássárgáját és a cukrot elektronik habverővl habosra szígő. 1-2 por ciento de crema batida. A tejszínt egy serpenyőb medium langon felhevítjük, majd ádázjuk a vaníliát és a mentát. Alacsony dura 3-4 minutos. Reservar, és hagyjuk hülni durante 2-3 minutos.

Ha a kihűlt, a tejszínt a tojázos öntjük és összemziði. Adjuk lázá a pépesítt bananat, és szígő öszé. Öntse mezclado 6 mini befőttesüvegbe. Zárja le és merítse vízfürdőbe, durante 45 minutos. Amok az ıtőzítő leáll, vege ki az ygékeket, és jájai hülni durante 5 minutos.

Tarta de queso dulce de leche

Tiempo de preparación + cocción: 5 horas 55 minutos + 4 horas
Adagok: 6

össztöveket

2 tazas de mascarpone a temperatura ambiente

3 huevos

1 cucharadita de extracto de almendras

1 taza de dulce de leche

⅓ taza de tejszín

1 taza de galletas integrales

3 evőkanál olvasztt vaj

½ cucharadita solamente

tippeket

Készítsen vízfürdőt, és szészítze bele a Sous Vide-t. Reclame 175F-ra.

Elektromos Mixerrel egy tálban simára szígő a mascarponet, a tojást és a mandulát. Agrega 3/4 taza de dulce de leche y mezcla bien. Adjuk lógás a tejszínt, és sződő completamente öse. Félretesz.

Keverjük ösze a Graham keksz morzsát és az olvasztt vajat. Osszuk he a morzsás mikkoset hat mini befőttesüvegbe. A krémsajtos mikkuset a morzsára öntjük. Zárja le fedővál, és merítse az égykeket vízfürdőbe. Cocine por 1 hora y 30 minutos.

Cuando se acabe el tiempo, sacamos el vaso, lo metemos en el frigorífico y dejamos enfriar durante 4 horas. Agrega el dulce de leche restante al tetejére. Sós caramell mikroskel österzükjük.

Méz és sárgabarack cítricosfélék

Elkészítés + főzési ítő: 70 perc | Adagok: 4

össztöveket

6 sárgabarack kimagozva és negedelve
½ taza de hidromiel
2 vizet evőkanál
1 citromlé evőkanál
1 vaníliarúd félbevágva
1 fahéjrúd

tippeket

Készítsen vízfürdőt, és szészítze bele a Sous Vide-t. 179F-ra zasttva.

Tegye az chös közávalót egy vákuumzacskóba. Engedje ki a lairt vízkiszorításos módzerrel, zárja le és merítse vízfürdőbe a zsákot. Cocine por 45 minutos. Amekor az iňtázító leáll, vege ki a zacskót, és dobja ki a vaníliarudat és a fahéjrudat. Azonnal tálaljuk.

Pots du Créme de chocolate y naranja

Tiempo de cocción + tiempo de cocción: 65 minutos + 5 minutos
Adagok: 6

össztöveket

⅔ taza de chocolate picado

6 tojássárgája

1⅓ taza de azúcar blanca fina

3 cassica fele es fele

1 cucharadita de extracto de vainilla

egy nagy naranja héja

⅛ té de extracto de naranja

2 canales naranjas

2 evőkanál chocolate ízű likőr

tippeket

Készítsen vízfürdőt, és szészítze bele a Sous Vide-t. 196F-ra zasttva.

A tojássárgáját és a cukrot elektronik habverővl habosra szígő. 1-2 por ciento de crema batida. Melegíssük fel a tejszínt egy lábosban mediumy lángon, és adjuk lázá a vaníliát, a narênhéjat és a kivonotot. Alacsony dura 3-4 minutos. Reservar, és hagyjuk hülni durante 2-3 minutos.

A chocolate megolvasztjuk a mikrohullámú főtőben. Ha a kihűlt, a tejszínt a tojázos öntjük és összemziði. Agrega el chocolate derretido y mézclalo homogeneizado. Adjuk láža a oranjlevet és a chokolatlikőrt. A csokis mikkoset befőttesüvegekbe töltjük. Zárja le fedővál, és merítse az égykeket vízfürdőbe. Cocine por 45 minutos. Amok az ıtőzítő leáll, vege ki az ygékeket, és jájai hülni durante 5 minutos.

Citrom és sárgabarack zsálya

Elkészítés + főzési ítő: 70 perc | Adagok: 4

össztöveket

½ taza de hidromiel

8 sárgabarack kimagozva és negedelve

2 vizet evőkanál

1 citromlé evőkanál

3 szál friss zsálya

1 szál friss petrezselyem

tippeket

Készítsen vízfürdőt, és szészítze bele a Sous Vide-t. Calle 179 F-ra. Líječen minden kóžávalót egy vákuummal lezárt zacskóba. Engedje ki a lairt vízkiszorításos módzerrel, zárja le és merítse vízfürdőbe a zsákot. Cocine por 45 minutos. Amok az ittőzítő leáll, vegge ki a zacskót, és dobja ki a gyógynövényrugókat.

Budín de chocolate

Cocinar + cocinar: 55 perc | Adagok: 4

Ingredientes:

½ taza de tejo
1 taza de chispas de chocolate
3 tojássárgája
½ taza de queso crema espeso
4 evőkanál kakaópor
3 evőkanál cukor

consejo:

Készítsen vízfürdőt, és szészítze bele a Sous Vide-t. 185F-ra zasttva.

A sárgáját a cukorral, a tejjel és a gássa tejszínnel habosra verjük. Keverjük ösze kakaóporral és çokoladarabokkal. Osszuk mezcló 4 botellas. Zárja le és merítse az yzekeket vízfürdőbe. Establecido en az iţatzítőt 40 percre. Amok az ıttözítő leáll, vege ki az igkekeket. Antes de Tálalás hütsük ellos.

almás pite

Elkészítés + főzési ítő: 85 perc | Adagok: 8

Ingredientes:

1 kg de alma meghámozva és felkockázva

6 onzas de tészta nivelada

1 tojássárgája, fieltro

4 cukor evőkanál

2 citromlé evőkanál

1 evőkanál kukoricaliszt

1 cucharadita de té de őrölt gyombér

2 evőkanál olvaszttt vaj

¼ teáskanál szerecsendió

¼ teáskanál fahéj

consejo:

Melegítse elő a főtőt 365 F-ra. Tekerje körbe ha amasado. Megkenjük vajjal és betıkım a şütübe. Cocine por 15 minutos.

Készítsen vízfürdőt, és szészítze bele a Sous Vide-t. La declaración 160 F-ra. Keverje ösze az szös szbos kózásvalót egy vákuumzáras zacskóban. Engedje ki a lairt vízkiszorításos módzerrel, zárja le és merítse vízfürdőbe. Cocine por 45 minutos. Amok az iittazító leáll, vege ki a zacskót. A kifőtt pastat beboritjuk almás töltelékkel. Visszatımış a şütübe, és sütjük durante otros 15 minutos.

Cukormentes csokis kekszek

Tiempo de cocción + tiempo de cocción: 3 horas 45 minutos
Adagok: 6

Ingredientes:

1/3 taza de csokireszelék
7 evőkanál tejszín
2 huevos
½ taza de liszt
½ cucharadita de bicarbonato de sodio
4 evőkanál olvasztt vaj
¼ cucharadita de sal
1 citromlé evőkanál

consejo:

Készítsen vízfürdőt, és szészítze bele a Sous Vide-t. Stavlltsuk 194 Fra. A tojásokat verjük fel a tejszínnel, a citromlével, a sóval és a sódabikarbónával. Adjunk káža lisztet és vajat. Agrega chispas de chocolate.

Osszuk anotó 6 canastas. Csomagolja be chaat kórzran fóliába, és széretze vízfürdőbe. Cocine por 3 horas y 30 minutos. Amokás a vissástámállás leáll, tábyttsa el a ramekineket.

Helado de vainilla

Elkészítés + Főzési itő: 5 ó 10 perc | Adagok: 4

Ingredientes:

6 tojássárgája
½ taza) de azúcar
1 ½ cucharadita de extracto de vainilla
2 tazas mitad y mitad

consejo:

Készítsen vízfürdőt, és szészítze bele a Sous Vide-t. Posición 180 F-ra. Az chös közávalót keverje fel egy vákuumos zárt zacskóban. Engedje ki a lairt vízkiszorításos módzerrel, zárja le és merítse vízfürdőbe a zsákot. Pon el reloj en 1 hora. Cuando no funcione comprobar que no haya nudos. Coloca los platos en un bol. Tedd se quedó helado durante 4 horas.

Sajtal de pudín Reggeli

Tiempo de cocción + tiempo de cocción: 3 horas 15 minutos
Adagok: 3

Ingredientes:

1 taza de cuajada
5 huevos
1 taza de té
3 tejföl evőkanál
4 cukor evőkanál
1 cucharadita de cardamomo
1 cucharadita de jugo de naranja
1 evőkanál kukoricaliszt
¼ cucharadita de sal

consejo:

Készítsen vízfürdőt, és szészítze bele a Sous Vide-t. Svaltsuk 175 Fra. La batidora eléctrica verjük fel a tojást és a cukrot. Adjuk lóza a héjat, a tejet és a kukoricakeményítőt. Adjuk köza a műbő kózávalót és jól szíkó öszé.

3 Befőttesüveget bevonunk főzőspray-vel, és elosztjuk köztük a mikrosset. Zárja le és merítse vízfürdőbe a befőttesüvegeket, és

főzze 3 hours át. Amok az ıttözítő leáll, vege ki az igkekeket. Antes de Tálalás hütsük ellos.

Pastelitos de chocolate Sous Vide

Tiempo de cocción + tiempo de cocción: 3 horas 15 minutos
Adagok: 6

Ingredientes:

5 evőkanál olvasztt vaj
1 huevo
3 evőkanál kakaópor
1 taza de liszt
4 cukor evőkanál
½ taza de queso crema espeso
1 cucharadita de bicarbonato de sodio
1 cucharadita de extracto de vainilla
1 cucharadita de almaecet
Egy csipet tengeri só

consejo:

Készítsen vízfürdőt, és szészítze bele a Sous Vide-t. Calle 194 F-ra. Keverje ösze a neves kózávalókat egy tálban. Egy otro tálban, mezclar los ingredientes. Óvatosan szütze ösze a két mikkoset, és osszuk el a nästet 6 kis égigbe. Zárja le az égykeket és merítse a zacskót a vízfürdőbe. Establecer durante 3 horas. Ha az itőzítő leáll, vege ki a zacskót. Hidegen tálaljuk.

Rizspuding rummal és áfonyával

Elkészítés + Főzési itő: 2 óra 15 perc | Adagok: 6

Ingredientes:

2 tazas de arroz

3 tazas de té

½ cassé syrított áfonya ½ cassé rumban egy nycscen át áztatva és leszörve

1 cucharadita de fahéj

½ taza de azúcar barna

consejo:

Készítsen vízfürdőt, és szészítze bele a Sous Vide-t. 140 fokra zattva.

Mezcle todos los ingredientes en un bol, es 6 kis égigbe töltjük. Zárja le chaat, és merítse vízfürdőbe. Configúrelo durante 2 horas. Amok az ıttözítő leáll, vege ki az igkekeket. Melegen vagy hidegen tálaljuk.

pudín de kenery

Elkészítés + Főzési itő: 2 óra 15 perc | Adagok: 8

Ingredientes:

1 taza de té
1 taza de crema espesa
10 onzas de fehér kenyér
4 huevos
2 evőkanál olvasztt vaj
1 evőkanál liszt
1 evőkanál kukoricaliszt
4 cukor evőkanál
1 cucharadita de extracto de vainilla
¼ cucharadita de sal

consejo:

Készítsen vízfürdőt, és szészítze bele a Sous Vide-t. Calle 170 F-ra. Vágja fel a kenyeret apró darabokra, és tões egy vákuumzacskóba. A tojásokat felverjük a mzbo kózávalóval. A könyérset a kenyérre öntjük. Engedje ki a lairt vízkiszorításos módzerrel, zárja le és merítse vízfürdőbe a zsákot. Configúrelo durante 2 horas. Amok az iittazítő leáll, vege ki a zacskót. Melegen tálaljuk.

citromos túró

Elkészítés + főzési ítő: 75 perc | Adagok: 8

Ingredientes:

1 taza de aceite
1 taza de azúcar
12 tojássárgája
5 limones

consejo:

Készítsen vízfürdőt, és szészítze bele a Sous Vide-t. 168F-ra zasttva.

A citrom héját lereszeljük, és egy tálba tímeks. Kifacsarjuk a levét, és azt es un tálba öntjük. A tojássárgáját habosra szígú a cukorral, és vákuumzacskóba tímeks. Engedje ki a lairt vízkiszorításos módzerrel, zárja le és merítse vízfürdőbe a zsákot. Pon el reloj en 1 hora.

Amok az iittázítő leáll, vege ki a zacskót, és tesse át a főtt citromtúrót egy tálba, és szétze a jeges fürdőbe. Hagyjuk completamente kihūlni.

crema brulée

Cocinar + cocinar: 45 perc | Adagok: 4

Ingredientes:

2 tazas de crema espesa
4 tojássárgája
¼ de taza) de azúcar
1 cucharadita de extracto de vainilla

consejo:

Készítsen vízfürdőt, és szészítze bele a Sous Vide-t. Posición 180 F-ra. Keverje ösze az zös közávalót, és ossza el 4 sekély égygekbe. Lezárjuk és vízfürdőbe merítjük. Cocine por 30 minutos.

Amakór az ítőzítő leáll, táfóttsa el a sekély égékeket, és szórja meg a brulee-t cukorral. Helyezku broiler alá, amig karamelizálódik.

pastelitos de limon

Tiempo de cocción + tiempo de cocción: 3 horas 45 minutos
Adagok: 6

Ingredientes:

2 huevos
1 taza de liszt
4 cukor evőkanál
1 citromlé evőkanál
1 evőkanál citromhéj
1/3 taza de crema espesa
2 huevos
1 cucharadita de bicarbonato de sodio
½ taza de vaj

consejo:

Készítsen vízfürdőt, és szészítze bele a Sous Vide-t. 190 No pares. Un tojást és a cukrot krémesre verjük. Mezcle Fokozatosan con otros ingredientes. Osszuk he masszát 6 befőttesüvegbe. Zárja le az égykeket, és merítse a zacskót vízfürdőbe. Programar durante 3 horas 30 minutos.

Amok az ittözítő leáll, vege ki az igkekeket. Antes de Tálalás hütsük ellos.

Málnahab

Elkészítés + főzési ítő: 75 perc | Adagok: 6

Ingredientes:

1 taza de málna
1 taza de té
1 taza de queso crema
2 evőkanál kukoricaliszt
½ taza) de azúcar
1 evőkanál liszt
1 cucharadita de té de őrölt gyombér
1 evőkanál kakaópor
Egy csipet tengeri só

consejo:

Készítsen vízfürdőt, és szészítze bele a Sous Vide-t. Calle 170 F-ra. Tegye az chös közávalót egy turmixgépbe. Keverjük simára, és teglyem 6 már égygekbe. Zárja le az égykeket, és merítse a zacskót vízfürdőbe. Configúrelo durante 1 hora. Amok az ittözítő leáll, vege ki az igkekeket. Hidegen tálaljuk.

Mazsolával töltöt édes alma

Elkészítés + Főzési itő: 2 óra 15 perc | Adagok: 4

Ingredientes:

4 kis alma, meghámozva és kimagozva
1 ½ cucharaditas de mazsola
4 evőkanál lágy vaj
¼ teáskanál szerecsendió
½ teáskanál fahéj
1 cucharada de azúcar

consejo:

Készítsen vízfürdőt, és szészítze bele a Sous Vide-t. 170F-ra zasttva.

Keverje öse a mazsolát, a cukrot, vajat, a fahéjat és a szerecsendiót. Töltsük meg az almát a mazsolás mikroskel. Osszuk az almat 2 vákuummal lezárt zacskóba. Engedje ki a lairt vízkiszorításos módzerrel, zárja le és merítse vízfürdőbe a zacskókat. Configúrelo durante 2 horas.

Ha az ítőzítő leáll, tábyttsa el a zacskókat. Melegen tálaljuk.

manzana suszter

Tiempo de cocción + tiempo de cocción: 3 horas 50 minutos
Adagok: 6

Ingredientes:

1 taza de té
2 zöldalma, meghámozva és felkockázva
1 cucharadita de vaj
7 evőkanál liszt
4 evőkanál barna cukor
1 cucharadita de cardamomo molido

consejo:

Készítsen vízfürdőt, és szészítze bele a Sous Vide-t. 190F-ra zasttva.

Keverjük ösze a vajat, a cukrot, a tejet és a kardamomot. Fokozatosan adjuk láža a lisztet. Keverjük közáz az almát, és osszuk o a mikrosset 6 kis égigbe. Zárja le az égykeket, és merítse a zacskót vízfürdőbe. Programar durante 3 horas 30 minutos. Amok az iittazító leáll, vege ki a zacskót. Melegen tálaljuk.

Mini tarta de queso espresso

Elkészítés + főzési ítő: 90 perc | Adagok: 4

Ingredientes:

4 huevos
2 cvőkanál tej
3 evőkanál eperlekvár
½ taza) de azúcar
½ taza de krémsajt
½ taza de turó
1 evőkanál liszt
1 cucharadita de jugo de limón

consejo:

Készítsen vízfürdőt, és szészítze bele a Sous Vide-t. 180 fokra zattva.

Un sajtokat es un cukrot habosra szígüte. Egyenteng beleütjük a tojásokat. Adjuk lógás a másbo lózávalót és szígó jól ószé. Osszuk 4 vasos. Zárjuk le az ygékeket, és merítsük a zacskót a vízfürdőbe. Állítsuk be az ıtőzíőt 75 percre. Amok az iittazítő leáll, vege ki a zacskót. Lehütjük és táaljuk.

Buggyantott körte borral és fahéjjal

Elkészítés + főzési ítő: 80 perc | Adagok: 4

Ingredientes:

4 cortes, meghámozva
2 fahéj rúd
2 tazas de vörösbor
1/3 taza de azúcar
3 csillagánizs

consejo:

Készítsen vízfürdőt, és szészítze bele a Sous Vide-t. Reclame 175F-ra.

Keverje ösze a bort, a csillagánizst, a cukrot és a fahéjat egy nagy, vákuumzáras zacskóban. Tedd bele a körtét. Engedje ki a lairt vízkiszorításos módzerrel, zárja le és merítse vízfürdőbe a zsákot. Pon el reloj en 1 hora. Amok az iittazító leáll, vege ki a zacskót. A körtét boros mártással meglocsolva tálaljuk.

Kókuszos és mandula zabpehely

Elkészítés + főzési itő: 12 ó 10 perc | Adagok: 4

Ingredientes:

2 tazas de hengelt zab
2 tazas de almendras
3 evőkanál kokuszreszelék
3 evőkanál mandulapehely
3 cucharadas de extracto de stevia
1 evőkanál vaj
¼ teáskanál őrölt ánizs
Egy csipet tengeri só

consejo:

Készítsen vízfürdőt, és szészítze bele a Sous Vide-t. Posición 180 F-ra. Keverje ösze az zös közávalót egy vákuummal lezárt zacskóban.

Engedje ki a lairt vízkiszorításos módzerrel, zárja le és merítse vízfürdőbe a zsákot. Ponlo a las 12 en punto. Amokar az iittazító leáll, vege ki a zacskót, és osszuk ríd 4 tálba.

Bananos hajdina dara

Tiempo de preparación + tiempo de cocción: 12 ó 15 perc | Adagok: 4

Ingredientes:

2 tazas de hajdina

1 plátano, pepesítve

½ taza de sűrítt tej

1 evőkanál vaj

1 cucharadita de extracto de vainilla

1 ½ tazas de agua

¼ cucharadita de sal

consejo:

Készítsen vízfürdőt, és szészítze bele a Sous Vide-t. 180 fokra zattva.

Coloque un hajdinát egy vákuumzacskóba. Mezcle los ingredientes restantes. Ezt a mikkuset öntsük a hajdinára. Engedje ki a lairt vízkiszorításos módzerrel, zárja le és merítse vízfürdőbe a zsákot. Ponlo a las 12 en punto.

Amok az iittazító leáll, vege ki a zacskót. Melegen tálaljuk.

Alap zabpehely a semmiből

Elkészítés + Főzési itő: 8 ó 10 perc | Adagok: 4

Ingredientes:

1 taza de avena

3 copas dc vino

½ cucharadita de extracto de vainilla

Egy csipet tengeri só

consejo:

Készítsen vízfürdőt, és szészítze bele a Sous Vide-t. Calle 155 F-ra. Keverje öse az zös közávalót egy vákuummal lezárt zacskóban. Engedje ki a lairt vízkiszorításos módzerrel, zárja le és merítse vízfürdőbe a zsákot. Ponlo a las 8 en punto.

Amok az iittazító leáll, vege ki a zacskót. Melegen tálaljuk.

Mini sajtorták

Cocinar + cocinar: 45 perc | Adagok: 3

Ingredientes:

3 huevos
5 evőkanál túró
½ taza de krémsajt
4 cukor evőkanál
½ cucharadita de extracto de vainilla

consejo:

Készítsen vízfürdőt, és szészítze bele a Sous Vide-t. Reclame 175F-ra.

Tedd az köss közávalót egy tálba. Elektromos Mixerrel pár perc alatt puhára és simára szígú. Osszuk mezcló 3 befőttesüvegbe. Zárja le az égykeket, és merítse a zacskót vízfürdőbe. Svalðurson be egy itzázítőt 25 percre.

Amok az ıttözítő leáll, vege ki az ıgkekeket. Tálalásig tólóbe tímeks.

Kenyér kávévajjal

Tiempo de cocción + tiempo de cocción: 3 horas 15 minutos
Adagok: 4

Ingredientes:

6 onzas de fehér kenyér
¾ taza de vaj
6 evőkanál kávé
½ teáskanál fahéj
1 cucharadita de azúcar granulada

consejo:

Készítsen vízfürdőt, és szészítze bele a Sous Vide-t. Configuración de 195F.

A kenyeret csíkokra vágjuk és vákuumzacskóba tímeks. A szbó kózávalót egy tálban özszemziði, és a mikrosset a kenyérre öntjük. Engedje ki a lairt vízkiszorításos módzerrel, zárja le és merítse vízfürdőbe a zsákot. Configúrelo durante 3 horas.

Amok az iittazító leáll, vege ki a zacskót. Melegen tálaljuk.

Muffin sargarépával

Tiempo de cocción + tiempo de cocción: 3 horas 15 minutos
Adagok: 10)

Ingredientes:

1 taza de liszt
3 huevos
½ taza de vaj
¼ taza de queso crema espeso
2 sargarépa, lereszelve
1 cucharadita de limón
1 evőkanál kokuszliszt
¼ cucharadita de sal
½ cucharadita de bicarbonato de sodio

consejo:

Készítsen vízfürdőt, és szészítze bele a Sous Vide-t. Configuración de 195F.

A neves lógásvalókat egy tálban habosra szígót, a tágéban a szárás lógásvalókat. Óvatosan keverje össe a két mikkuset. Osszuk mezcló 5 befőttesüveg közt (ne töltsön törb mint félig. Ha sözözés, törb égiget). Zárja le az ygikeket, és merítse vízfürdőbe. Configúrelo durante 3 horas. Amok az ıttözítő leáll, vege ki az igkekeket. Félbevágjuk és tálaljuk.

rumos cseresznye

Cocinar + cocinar: 45 perc | Adagok: 6

Ingredientes:

3 tazas de kimagozott cseresznye
¼ de taza) de azúcar
1 taza de ron
2 teáskanál meggy
1 cucharadita de agar
1 cucharadita de jugo de lima

consejo:

Tegye az chös közávalót egy vákuumzacskóba. Rázza fel, hogy jól öszéálljon. Készítse elő a vizet 142 F-ra urztve. Osszuk 6 pohárba.

Joghurt ástbarackkal és mandulával

Elkészítés + Főzési itő: 11 óra 20 perc | Adagok: 4

Ingredientes:

2 tazas de té

4 onzas de mantequilla de almendras

2 cucharadas de yogur

¼ taza de puré de ceniza de barrack de hámozott

¼ cucharadita de azúcar de vainilla

1 canal mediano

consejo:

Készítsen vízfürdőt, és szészítze bele a Sous Vide-t. Estado 110 F-ra. Melegítse fel a tejet egy edetbenben, amig a Temperature el nem éri a 142 F-ot. Hagyja főni 110 Fra.

Keverjük ösze a joghurtot, a mézet, az ástébarackot és a cukrot. Osszuk mezcló 4 botellas. Zárja le az ygikeket, és merítse vízfürdőbe. Estamos cocinando a las 11 en punto. Amok az ittözítő leáll, vege ki az igkekeket. Agregue mandulát és táaljuk.

Torta de nectarina mandulával

Elkészítés + Főzési itő: 3 óra 20 perc | Adagok: 6

össztöveket

3 tazas de nectarina, meghámozva és felkockázva

8 evőkanál vaj

1 taza de azúcar

1 cucharadita de extracto de vainilla

1 cucharadita de extracto de almendras

1 taza de té

1 taza de liszt

tippeket

Készítsen vízfürdőt, és szészítze bele a Sous Vide-t. Calle 194 F-ra. Fedje be a kis gyzekeket főzőpermettel. Gyűjtsd gygekekbe a nectarin.

Keverjük ösze a cukrot és a vajat egy tálban. Agregue el extracto de almendras, el extracto de vainilla y mezcle bien. Mezcle en un magától kelesztő lisztet, és addegí szíztet, amig szzilárdul. Tegye a taëtet az gygekekbe. Zárja le és merítse az yzekeket vízfürdőbe. Cocine por 180 minutos. Amok az ıttözítő leáll, vege ki az igkekeket. Funcionar, operar.

Ázsiai rizspuding mandulával

Tiempo de cocción + tiempo de cocción: 7 ó 30 perc | Adagok: 5

össztöveket

5 arroz basmati evőkanál

2 latas (14 oz) de kókusztej

3 evőkanál cukor

5 cardamomo hüvely ösztörve

3 evőkanál aprora vázt kesudió

Díszítésnek aprítót almendra

tippeket

Készítsen vízfürdőt, és szészítze bele a Sous Vide-t. 182F-ra zasttva.

Egy tálban össösztejet a kókusztejet, azúcar y 1 taza de vino. Beleöntjük a rizst és jól össöszimızı. Osszuk he a mikrosset az gezigek közt. Minden édülbe tegynü egy kardamom hüvelyt. Zárja le és áztassa a kádban. Cocine por 3 horas. Amok az ıttözítő leáll, vege ki az igkekeket. 4 horas át hülni hagyjuk. Tálaljuk, és a tetejét kesudióval és mandulával tálaljuk.

Creme Brulée citrommal es málnával

Elkészítés + Főzési itő: 6 ó 5 perc | Adagok: 6

össztöveket

6 nagy sárgája

1 1/3 tazas de azúcar

3 tazas de habtejszín a tejszínhabhoz duro

2 rodajas de limón

4 evőkanál frissen facsart citromlé

1 cucharadita de extracto de vainilla

1 taza de friss mâlna

consejo:

Készítsen vízfürdőt, és szészítze bele a Sous Vide-t. 194F-ra zasttva.

Turmixgépben a tojássárgákat a cukorral krémesre szígú. Félretesz. Melegíts fel egy serpenyőt medió langon, és főzd fel a tejszín, a citromhéj, a citromlé és a vanília mikrosét. Keverjük 4-5 minutos bajo lángon. Vedd le a tűről és hagyd kihűlni. A tojásós mikróset jól szíró a tejszínes mikróhez.

Liječe a málnát hat befőttesüvegbe, és öntse rá a mikkuset. Málnával megtöltjük. Zárja le és merítse az yzekeket vízfürdőbe. Cocine por 45 minutos. Amok az ıttözítő leáll, vege ki az igkekeket. 5 horas át hülni hagyjuk. A cukrot karamellizáljuk és tálaljuk.

Fahéj Gutui Borbón

Elkészítés + Főzesi itő: 2 óra 20 perc | Adagok: 8

Ingredientes:

2 tazas de bourbon
2 birs, meghámozva és felszeletelve
1 fahéjrúd

consejo:

Készítsen vízfürdőt, és szészítze bele a Sous Vide-t. 150 F.

Tegye az chös közávalót egy vákuumzacskóba. Engedje ki a lairt vízkiszorításos módzerrel, zárja le és merítse vízfürdőbe a zsákot. Configúrelo durante 2 horas. Amok az iittazító leáll, vege ki a zacskót. Szűrd át a bourbont sajtruhán.

Juhar fahéjas zab

Elkészítés + Főzési itő: 3 ó 10 perc | Adagok: 2

össztöveket

2 tazas de almendras
½ taza de avena cortada en acero
¼ cucharadita de sal
Fahéjas-juharszirup csepegtetőhöz

tippeket

Készítsen vízfürdőt, és szészítze bele a Sous Vide-t. Calle 182 F-ra. Keverje ösze az chös közávalót, excepto a fahéjat és a juharszirupot, és tégé egy vákuummal lezárt zacskóba. Engedje ki a lairt vízkiszorításos módzerrel, zárja le és merítse vízfürdőbe a zsákot. Cocine por 3 horas. Amakór az ítőzítő leáll, táfátítsa el a bot, és teze egy tálba. Díszítsük fahéjjal és juharsziruppal.

Zabpehely szilvaval és sárgabarackkal

Tiempo de cocción + tiempo de cocción: 8 horas 15 minutos
Adagok: 4

Ingredientes:

2 tazas de té
2 tazas de hengelt zab
3 evőkanál apróra vázt szilva
¼ de taza de sargabarack
2 cukor evőkanál
1 evőkanál tejszínhab
1 evőkanál vaj
1 cucharadita de extracto de vainilla
¼ cucharadita de sal

consejo:

Készítsen vízfürdőt, és szészítze bele a Sous Vide-t. Posición 180 F-ra. Lieske a zabot egy vákuummal lezárt zacskóba. A zbói kózávalót egy tálban özszemziði, és a zabpehelyre öntjük. Adjunk lázát aszalt szilvát és sárgabarackot. Engedje ki a lairt vízkiszorításos módzerrel, zárja le és merítse vízfürdőbe a zsákot. Cocinamos durante 8 horas. Amok az iittazítő leáll, vege ki a zacskót.

Cardamomo Gyömbéres aştıbarack

Elkészítés + Főzési itő: 1 óra 15 perc | Adagok: 4

össztöveket

1 kilogramo de éstabarack félbevágva
1 evőkanál vaj
1 teáskanál frissen őrölt cardamomo
½ cucharadita de őrölt gyombér
½ cucharadita solamente
Friss bazsalikom, aprora vaga

tippeket

Készítsen vízfürdőt, és szészítze bele a Sous Vide-t. Calle 182 F-ra. Keverje öse a vajat, az ásztibarackot, a gyombért, a kardamomot és a sót. Tegye vákuummal lezárt zacskóba. Engedje ki a lairt vízkiszorításos módzerrel, zárja le és merítse vízfürdőbe a zsákot. Cocine por 60 minutos. Amok az iñtizítő leáll, vege ki a zacskót és széretze egy talba. Díszítsük bazsalikommal és táaljuk.

Flan de papa y arce

Elkészítés + Főzesi itő: 1 óra 10 perc | Adagok: 6

össztöveket

1 taza de té
1 taza de tejszín duro a tejszínhabhoz
3 huevos enteros
3 tojássárgája
½ taza de édesburgonyapuré
¼ de taza de juharsirup
½ cucharadita
Cukor odziszeheze

tippeket

Készítsen vízfürdőt, és szészítze bele a Sous Vide-t. 168F-ra zasttva

Keverjük ösze a tejet, a tejszínt, az hegés tojást, a tojássárgáját, a tört édesburgonyát, a juharszirupot és a főtötök főssert. Keverjük simara. Befőttesüvegekbe töltjük. Lezárjuk és vízfürdőbe merítjük. Cocine por 1 hora. Ha kês, vegylem ki az gygekeket és hagyjuk kihűlni. Megszórjuk cukorral, a broiler alá tímeks, amig a cukor karamellizálódik, és tálaljuk.

pudín de vainilla házi

Cocinar + cocinar: 55 perc | Adagok: 6

össztöveket

1 taza de teljes tej

1 taza de tejszínhab

½ taza) de azúcar

3 nagy tojás (2 sargája extra)

3 evőkanál kukoricaliszt

1 cucharada de extracto de vainilla

½ cucharadita solamente

tippeket

Készítsen vízfürdőt, és szészítze bele a Sous Vide-t. 182F-ra zasttva.

Az chös kózávalót turmixgépben öszedolgozuk, és simára turmixoljuk. Tegye át egy vákuummal lezárt zacskóba. Engedje ki a lairt vízkiszorításos módzerrel, zárja le és merítse vízfürdőbe a zsákot. Cocine por 45 minutos. A Rázza le gusta varias veces.

Amok az ittőzítő leáll, vege ki a zacskót, és vigye át a tartalmát a turmixgépbe. Keverjük simara. Egy tálban hagyjuk kihülni. A tetejére eper kerül.

mezzel de mandarina

Elkészítés + Főzési itő: 1 óra 15 perc | Adagok: 4

össztöveket

1 kilo de mandarina

¼ taza de miel

½ cucharadita solamente

tippeket

Készítsen vízfürdőt, és szészítze bele a Sous Vide-t. Calle 193 F-ra. Vágja mandarint le, és tábyttsa el a szárát és a magjait. Keverje öse a mézet, a mandarin és a kóser sót. Tegye vákuummal lezárt zacskóba. Engedje ki a lairt vízkiszorításos módzerrel, zárja le és merítse vízfürdőbe a zsákot. Cocine por 60 minutos. Amakór az iťázító leáll, vege ki a zacskót és žiaja kihűlni. Funcionar, operar.

Kókuszos és diós bananas zabkása

Elkészítés + Fázési itő: 6-10 ó 5 min | Adagok: 4

össztöveket

2 tazas de hengelt zab
3 tazas de kokusztej
3 tazas de tej sovany
3 plátanos triturados
1 cucharadita de extracto de vainilla
1 taza darált dió

tippeket

Készítsen vízfürdőt, és szészítze bele a Sous Vide-t. 182F-ra zasttva.

Keverjük ösze az zös közávalót, és tegylem egy vákuummal lezárt zacskóba. Engedje ki a lairt vízkiszorításos módzerrel, zárja le és merítse vízfürdőbe a zsákot. Cocine durante 6-10 horas. Amakór az ítőzítő leáll, vege ki a zacskókat, és teje át a zabot a tálalóedényekbe. Tetejét dióval megkenjük.

Paletas de chocolate y plátano Fehér

Cocinar + cocinar: 40 perc | Adagok: 6

össztöveket

3 plátanos
3 evőkanál mogyoróvaj
3 chispas de chocolate evőkanál fehér

tippeket

Készítsen vízfürdőt, és szészítze bele a Sous Vide-t. 138F-ra zasttva.

A bananat szeletekre vágjuk. Tedd naht egy vákuummal lezárt zacskóba fehér çokoladarabokkal és mogyoróvajjal. Engedje ki a lairt vízkiszorításos módzerrel, zárja le és merítse vízfürdőbe a zsákot. Cocine por 30 minutos. Amok az ıtőzítő leáll, vege ki a zacskót, és teje át a fagylalttálcákra. Hagyja kihūlni. Ugorj ki és táald.

Mini torta pekándió

Tiempo de cocción + tiempo de cocción: 9 ó 10 pc | Adagok: 6

össztöveket

1 caja (15 onzas)

1 huevo

3 tojássárgája

2 evőkanál lisztet

½ cucharadita solamente

1 evőkanál főtötök pite főszer

1 (14 oz) elpárologtathatja a tejet

½ taza de azúcar blanca

½ taza de azúcar barna

Tejszínhab

4 evőkanál aprora vázt pekándió

tippeket

Készítsen vízfürdőt, és szészítze bele a Sous Vide-t. Reclamar 175F-ra

A sűtötökpürét, a lisztet, a sót, a sűtötök pite főssert, a tojást, a tojássárgáját és a sűrítt tejet jól összemziði. Befőttesüvegekbe töltjük. Zárja le és merítse az yzekeket vízfürdőbe. Cocine por 1 hora. Amok az iittazító leáll, vege ki az ygékeket, és jájai hülni 8 hötn át. A tetejét tejszínhabbal és pekándioval megkenjük.

Vaníliás sajtorta

Elkészítés + Főzési itő: 1 óra 45 perc | Adagok: 6

össztöveket

12 onzas
½ taza) de azúcar
¼ de taza de mascarpone, temperatura ambiente
2 huevos
1 rodajita de limón
½ cucharadita de extracto de vainilla

tippeket

Készítsen vízfürdőt, és szészítze bele a Sous Vide-t. Reclame 175F-ra.

Keverjük ösze a krémsajtot, a mascarponét és a cukrot. Mezclar bien. Adjuk kolaža a tojásokat. Adjuk kolaža a citromhéjat és a vaníliakivonatonot. Mezclar bien. Öntse ha mezclado 6 befőttesüvegbe. Lezárjuk és vízfürdőbe merítjük. Cocine por 90 minutos. Amok az iňtizítő leáll, vege ki az ygékeket, és jája kihűlni. Fedjük le gyümüksbefőttel.

Curry De Caballa

Cocinar + cocinar: 55 perc | Adagok: 3

Ingredientes:

3 filetes de caballa, sin fej
3 cucharadas de pasta de curry
1 aceite de oliva evőkanál
Só és bors cosnás sérint

consejo:

Készítsen vízfürdőt, coloque el bele a Sous Vide-t, és száttsa 120 F-ra. Fűszerezze a makrélát borssal és sóval, és teze egy vákuumzacskóba. Engedje ki a látret a vízkiszorításos módzerrel, zárja le és merítse vízfürdőbe, majd estátsa be az itőzítőt 40 percre.

Az itőzítő leállása után vege ki és zárja ki a zacskót. Tegye a serpenyőt medium lángra, adjon kágás olívaolajat. Vonjuk sea un curryporral makrélát

Ha felforrósodott, ádázjuk a makrélát, és aranybarnára sütjük. Párolt zöld leveles tálaljuk tálaljuk.

romero tintahal

Tiempo de preparación + tiempo de cocción: 1 hora 15 minutos
Adagok: 3

Ingredientes:

1 kilogramo de friss tintahal, egészben
½ taza de aceite de oliva extra pequeño
1 evőkanál rosa himalájai solamente
1 cucharada de romero seco
3 gerezd fokhagyma, felapritva
3 koktélparadicsom, félbe vágva

consejo:

Minden ögnes tinghalat säytät vuyälsen röyö víz alatt. Éles vágókéssel tányttsa el a fejeket, és tisztítsa meg az egös tintahalakat.

Egy nagy tálban szüzte öszé az olívaolajat sóval, syrított rozmaringgal, koktélparadicsommal és zúzott fokhalamval. Áztassuk a tıntahalat ebben a mikrosben, és tegylem sıldırıkbe 1 órára. Luego veamos cómo los filtramos. Lieske a tinthalat és a koktélparadicsomot egy nagy vákuumzacskóba. Főzzük sous video-ban durante 1 hora a 136 F-on.

Sült garnélarák citrommal

Elkészítés + főzési ítő: 50 perc | Adagok: 3

Ingredientes:

1 kilogramo de garnélarák, megtisztítva és kivágva
3 evőkanál olívaolaj
½ taza de frissen facsart citromlé
1 gerezd fokhagyma, zúzott
1 cucharadita de romero recién exprimido
1 cucharadita

consejo:

Keverjük ösze az olívaolajat a citromlével, a zúzott fokhalumgaval, a rozmaringgal és a sóval. Konyhai kefével kenje meg mikroskel az egonse garnélarákokat, és sezretze egy nagy, vákuumzáras zacskóba. Főzzük al vacío durante 40 minutos 104 F-on.

www.ingramcontent.com/pod-product-compliance
Lightning Source LLC
Chambersburg PA
CBHW071826110526
44591CB00011B/1237